中国系列丛书

奉献中国

DEDICATION TO CHINA

江彦桥　胡银平——主编

上海教育出版社

目 录

前 言   1

第一章 建桥的故事   1
   一、上海建桥学院的由来   1
   二、校训：感恩、回报、爱心、责任   5
   三、学雷锋弘扬雷锋精神   7
   四、建桥的梦想   8

第二章 弘扬雷锋精神，践行青春使命梦想   10
   一、雷锋精神是永恒的   10
   二、雷锋精神人人可学   13
   三、奉献让青春焕发绚丽色彩   15

第三章 一带一路：中国智慧，大国担当   21
   一、"一带一路"倡议的时代背景   21
   二、"一带一路"倡议的基本内容   24
   三、"一带一路"倡议体现中国智慧   29
   四、"一带一路"倡议展示中国担当   32

第四章 工匠精神助力中国梦   34
   一、为什么要提倡工匠精神   34
   二、工匠精神的基本内涵   37
   三、工匠精神的养成与传承   39

第五章	重，是负荷，也是担当	47
	一、责任与担当支撑大写的人	47
	二、真正的人生历程就是担当	48
	三、"责任"是职责和任务	55

第六章	做一个对社会和人民有益的人	57
	一、为什么要做对社会对人民有益的人	57
	二、学雷锋做有益于社会和人民的人	60
	三、学雷锋的三大法宝	67

第七章	一个人的长征	71
	一、为什么要去寻找红军	71
	二、再出发：一个人的长征	74
	三、一个人长征的日记	75
	四、一个人长征的意义	78

第八章	历史上中国对世界文明的贡献	83
	一、中华文明的主要特点	83
	二、中华文明对世界的贡献	84
	三、构建人类命运共同体	94

第九章	中国道路对世界的奉献	97
	一、中国经济发展对世界的奉献	97
	二、中国文化对世界文化的影响	101
	三、中国彰显的国际人道主义	104
	四、构建以和平与发展为主题的人类命运共同体	108

第十章	优秀校友谈人生	113
	一、陈邱健校友谈人生	113
	二、张世军校友谈人生	117

	后　记	124

前　言

习近平总书记说:"雷锋精神是永恒的,是社会主义核心价值观的生动体现。我们要从娃娃抓起,让雷锋精神在全社会蔚然成风,世世代代弘扬下去。"[①]新时代雷锋精神的价值和内涵与上海建桥学院"感恩、回报、爱心、责任"的校训精神高度契合,弘扬雷锋精神与培养、践行社会主义核心价值观教育高度一致。上海建桥学院十多年来弘扬雷锋精神并推动一系列学雷锋活动,已形成特色鲜明的校园文化。学校紧紧围绕立德树人的根本任务,抓住大学生价值观形成和确立的关键环节,积极推进以弘扬雷锋精神为载体的社会主义核心价值观教育,使大学生把社会主义核心价值观内化于心、外化于行、固化于志,引导大学生扣好人生的第一粒扣子。

上海市教委近年来不断推进高校思想政治理论教育的质量建设,探索"思政课程"和"课程思政"的理论与实践,各高校纷纷开发和建设以"中国系列"为代表的优质课程。为进一步落实习近平总书记全国高校思政工作讲话精神和教育部31号文件要求,上海建桥学院结合弘扬雷锋精神校园文化,整合全校资源开发"奉献中国"系列课程。"奉献中国"系列课程定位为思想政治教育类公共选修课,是课程思政的重要组成部分,是学校加强和改进思想政治教育水平和方式的重要探索。"奉献中国"系列课程与雷锋精神及"感恩、回报、爱心、责任"八字校训紧密结合,将"奉献"为重要内涵的雷锋精神和"敬业"为主体的社会主义核心价值观作为课程设计的主线和重点内容。

在上海市教卫工作党委、上海市教委的关心和上海市教委教育处、德育中心的大力指导并支持下,上海建桥学院自2017年起,开发并建设"奉献中国"系列课程。"奉献中国"系列课程由学校思想政治教育工作领导小组组长、党委书记江彦桥领导和规划课程开发建设工作。目前,"奉献中国"系列课程已经形成学校领

[①] 习近平:《把雷锋精神广播在祖国大地》,新华网,2014年3月11日,http://news.xinhuanet.com/politics/2014-03/11/c_119718630.htm。

导、思想政治理论课教师、校外专家、学者、优秀校友来校上大课、讲大势、传大道，初步形成大思政育人格局，课程以"历史与现实，国际与国内，社会与个人，理想与实践"为切入点，教育引导学生把弘扬雷锋精神落实到奉献中国的实际行动中，在奋斗中绽放青春光芒。

"奉献中国"系列课程共由十门课程组成，十门课程都有明确的教育主题，各教育主题均围绕弘扬雷锋"奉献"精神，培养学生树立担责担当意识，引导学生践行社会主义核心价值观。

本书以"奉献中国"系列课程为依托，根据课程教学大纲、教案和课程视频整理编撰而成。期望本书能够引导青年大学生学习雷锋"牢记历史使命，担起时代重任"的情怀；发扬雷锋以天下为己任的精神，具有高度的历史使命感；正确认识世界和中国发展大势，勇于承担时代责任；坚定道路自信、理论自信、制度自信和文化自信；将远大抱负落实到脚踏实地的行动中，树立与时代主题同心同向的理想信念，把个人理想与中国梦紧密结合，自觉成长为能够担当民族复兴大任的时代新人。

第一章 建桥的故事

> **导语**
>
> 本章旨在让广大学生了解上海建桥学院的创校历史，了解"建桥"的校名内涵，理解"感恩、回报、爱心、责任"的校训由来，深刻理解习总书记对青年大学生"得其大者可以兼其小"的要求，把人生理想融入国家和民族的事业中，最终成就一番事业，立志把自己的梦同"建桥梦""中国梦"紧密结合在一起。从而激励学生弘扬雷锋精神，践行社会主义核心价值观，树立责任奉献意识，勇于承担历史使命。

一、上海建桥学院的由来

周星增[①]是建桥集团的创始人和领军者。20年来，他矢志不渝地带领全体建桥人艰苦创业、砥砺前行，开创了建桥集团发展壮大的宏伟事业。他是一位优秀的中国民营企业家，是中国民办高等教育事业的拓荒者和引领者。20年扎根教育，勤恳办学，创办上海建桥学院。学校已位列中国顶尖民办大学行列，获评全国文明单位、全国群众体育先进单位、上海市文明单位、上海市花园单位、上海市平安校园、上海市促进就业先进集体，并入选教育部"互联网+中国制造2025"产教融合促进计划试点院校，是上海市唯一入选的试点院校。

周星增大力倡导"感恩、回报、爱心、责任"的价值观，始终坚持"教育服务社会，共筑伟大中国梦"的使命担当，积极践行"为学生建成才之桥，为教师建立业之桥，为社会建育人之桥"的办学使命，走出了一条中国民营企业举办高等教育的成功之路，为我国民营教育事业发展作出了突出贡献，得到社会广泛赞誉，先后获

---

① 主讲人简介：周星增，浙江乐清人。本科学历，讲师，1983年进入贵州工学院执教，1989年任温州大学财会教研室主任，1993年任天正集团公司十一分公司董事长，1997年7月创办上海建桥（集团）有限公司，2000年4月创办上海建桥学院，担任建桥集团和上海建桥学院董事长至今。上海市第十二、十三、十四、十五届人大代表，中国民办教育协会副会长，上海市民办教育协会副会长，中国围棋协会副主席，上海围棋协会主席，上海市儿童健康基金会副会长。

得"全国全面建设小康社会作贡献先进个人""全国优秀中国特色社会主义事业建设者""全国民盟社会服务工作先进个人""上海市优秀中国特色社会主义事业建设者""上海市党建之友""上海市征兵工作先进个人""上海市慈善之星"等荣誉称号。

2000年9月18日,是上海建桥学院第一届学生开学典礼的日子,那一天我校提出了"为学生建成才之桥,为教师建立业之桥,为社会建育人之桥"的办学使命,选在9月18日这个特别的日子,就是希望同学们不忘国耻,热爱我们的伟大的祖国。

校名"上海建桥学院",由全国人大常委会原副委员长、民盟原中央主席、著名社会学家费孝通先生题写。取名建桥,意为"为学生建成才之桥,为教师建立业之桥,为社会建育人之桥",有其生动而现实的历史缘由。

周星增董事长出生在温州农村,家门前有一条小河,河对面是学校,河上有座小石桥。孩子们每天都要通过小石桥往返于家和学校。有一年端午节,家乡举办龙舟比赛,很多人挤到小桥上观赛,结果小桥不堪重负被挤塌了,不少人落水受伤。桥断了,只有二三十米宽的小河变得无法逾越,孩子们要绕很远的路才能到达对岸。少年周星增突然感悟到了桥的作用:桥是帮助我们克服困难、跨越障碍到达成功彼岸的重要工具。为此,他还特地写下一篇作文《忍辱负重,成就他人——桥》。他在文章中写道:"每天车水马龙,每天被无数人踩在脚下,它总是默默地奉献自己,桥慢慢地成了我学习的榜样,崇拜的对象,心中的图腾。"后来,在周星增母亲的带领下,大家出钱出力,把这座小桥修好了。再走这座小桥的时候,总会让周星增感受到平凡母亲的伟大,也领悟到了为什么中华民族一直把修桥铺路当作美德去弘扬。所以,他经商挣钱后,给老家捐了 200 多万元人民币重新造了这座小桥,还给母校江西财经大学捐了 100 多万元,打造了一个休闲广场。

大学毕业以后,周董学会了打桥牌。桥牌,桥牌,打桥牌最重要的就是"桥"。桥,是连接、传递、沟通的意思。举例而言,你拿到了黑桃 A、K、Q、J、10、9、8、7、6、5、4、3、2,这绝对是一副好牌。但如果不是你先出牌,这就是一把废牌,因为中间没有"桥",所以打桥牌的人最怕"断桥"。周董认为,打桥牌讲究配合,要互相沟通、互相理解和互相支持,这样才能达到一个最佳的结果,在我们的生活中、事业上,也是如此。现代社会资讯很发达,电话、手机,微信、互联网都很方便,但是人与人之间心灵的沟通却越来越少。沟通是一种能力,只有通过沟通,你才能知道别人的想法;只有通过沟通,你才能告诉别人自己的想法。善于沟通的人,他的朋友就会很多,将来他的事业也会做得很大,生活也会非常阳光。青年学生不仅仅要学好专业知识,也要提高自己的沟通能力,主动地多与父母沟通,多与同学沟通,多与老师沟通。

中国有很多著名的桥梁,每每提及,总会让人十分感慨,为自己是个中国人而骄傲。比如，南京长江大桥。当年，南京长江大桥造到一半的时候，苏联背信弃义，把专家和图纸都撤走了，当时全世界的人都等着看中国的笑话，都觉得中国不可能将桥建造起来。但是我们咬紧牙关，自力更生，用自己的智慧造好了大桥。所以每次经过南京长江大桥，我们都会有一种作为中国人的自豪感。又比如，上海的南浦大桥、杨浦大桥、卢浦大桥等，正是有这些大桥，才有了上海的快速发展，才有了浦东的繁荣辉煌。我校第一任名誉校长李国豪①先生，两院院士，担任过同济大学的校长、民盟上海主委、上海市政协主席。他在桥梁界名声很大，人称"斜拉李"，创造性地提出了斜拉桥的基础理论。所以斜拉桥的发展能有今天，李国豪教授功不可没。当初上海要造南浦大桥时，原定由日本的公司来建造，李老知道这件事情以后马上去找当时的上海市委书记江泽民，他说中国完全有能力造好南浦大桥，希望把这个机会留给国内的企业，自己愿意当顾问以保证造桥的质量。在他的说服下，上海市政府就把这个造桥的重任交给了我们中国人自己。从此我国造桥进入了快车道，造桥的水平越来越高，直至达到世界数一数二的领先地位，就连美国、日本也很佩服中国的造桥技术。大家都认为，李老对中国的桥梁建筑起到了极大的推动作用，如果没有他，我们中国的造桥行业起码要落后5年、10年甚至20年。李国豪教授平易近人，多次到建桥给我校学生作报告，深得学生喜爱，我们永远怀念他。我校现任名誉校长杨福家②院士，是我国著名的核物理科学家，历任复旦大学校长、英国诺丁汉大学校长、宁波诺丁汉大学校长。杨校长每年都会来我们学校为学生作一场精彩的报告。求学的学子们，在建桥的四年里，你们还将会看到诸多知名教授。虽然是民办高校，但是建桥集聚了一大批优秀的教师，这也是我们建桥学院持续快速发展的重要因素。

正是这份对"桥"的热爱，周星增创办学校并为之取名"建桥"，就是希望同学们学习桥的奉献精神，学习桥的忍辱负重、成就他人的品质，多做一些牵线搭桥的事情，不要做过河拆桥的事情。当然"建桥"和英国"剑桥"谐音，也表达了我们办学的雄心壮志，现在的上海建桥学院还很平凡，与英国剑桥大学相比差距实在太

---

① 李国豪，广东梅县人，桥梁专家。1929年考入同济大学。1940年和1942年先后获德国达姆施塔特工业大学工学博士和特许任教博士学位。1955年选聘为中国科学院学部委员（院士），1994年选聘为中国工程院院士。曾任同济大学教授、名誉校长。
② 杨福家，生于上海，祖籍浙江宁波。1958年毕业于复旦大学物理系。中国科学院院士，中国科协副主席，中央文史研究馆馆员，享誉海内外的著名核物理学家。中国特大型综合性辞典《大辞海》副主编。1991年当选为第三世界科学院院士。曾任丹麦哥本哈根尼尔斯-玻尔研究所博士后研究员，中国科学院上海原子核研究所所长，复旦大学教授、校长；2004年创办并出任宁波诺丁汉大学校长，是出任英国著名院校校长的第一位在籍中国人。目前兼任上海建桥学院名誉院长。

大,但相信再过50年、100年,通过几代人的努力,上海建桥学院也能办成一所全国名校,甚至是世界名校。路虽然很遥远,但只要努力,脚总比路长。

二、校训:感恩、回报、爱心、责任

2004年,周董提出把"感恩、回报、爱心、责任"作为学校校训时,引起一些争议。他们说,这个时代讲究的是竞争,讲感恩是不是有点落伍;也有人说,讲感恩好像有点宗教色彩,但周董还是坚持下来。2005年上海中学生手册中多了一条:"学会感恩"。2010年建桥学院10周年校庆时,学校正式把"感恩、回报、爱心、责任"作为校训。

学校之所以坚持把感恩作为学校的校训,原因有两个:一是人要有感恩之心,感恩是一个人最起码的素质;二是大学生应该引领社会的感恩之心。有感恩之心的人对别人有爱心,做什么事都会有责任心。周董认为,我们每个人一路走来,需要感谢的人和事实在太多,尤其是要感恩三位"母亲"。

第一位是生养我们的母亲,是她含辛茹苦把我们抚养成人,生活上关心我们、物质上支持我们、精神上慰藉我们,教会我们很多做人的道理,教会了我们很多处事方法,为我们作出了最无私的奉献,这样的母亲如果都不去感恩,你说他还是个合格的人吗?一个连自己的父母都不爱的人,他会去爱朋友、爱同学、爱祖国吗?作为父母,他们最希望我们做到什么?可能各个父母都有不同的想法,但是大多数的父母都希望自己的子女,第一身体健康,第二平平安安不要发生意外,第三好好学习将来顺利拿到毕业证书找到一份好工作再成家立业。相信大多数的父母都是这样期待我们的,也是他们给我们提出的最基本的、最朴素的要求。感恩不能光用嘴讲,要落实在行动上。对于我们学子来说,落实在行动上也就是要好好学习,这也是对父母一个最好的报答。现如今,一个家庭供养一个大学生很不容易,四年大学的学费、住宿费,以及生活费估计要在15万元左右。15万元对于一个普通的家庭,尤其农村的家庭来说是一个很沉重的负担。想想父母的节衣缩食,想想父母的含辛茹苦,大家还有什么理由去虚度年华呢?拿到毕业证书,这才是真正体现对父母的感恩。毕业证书不完全代表你的水平,也不代表你的人品,但这是父母的期待,是我们将来走向社会的敲门砖,这一点希望大家牢记。

第二,应该感谢地球母亲。宇宙真的很大,宇宙中有那么多星球,但目前勘测到的,只有地球容纳了人类和人类生存所需要的所有的东西,阳光、空气、石油、矿藏、山山水水、草草木木,皆是地球的恩赐。几乎能想到的所有的东西,地球母亲都无私地奉献给了我们,对这样一位无私的母亲,我们要懂得感恩。但人类总是对她索取得很多,保护得很少,人类的贪婪和过度开发已经让地球母亲生病了。自1880年有气温记录以来,便可从数据看出地球的气温在持续升高。地球气温的升高不仅仅意味着冰川消融,北极熊无家可归,一些岛屿被淹没,更意味着众多自然灾害的产生。这一切都直接威胁着人类的生存。感恩地球母亲就是要减少碳排放,保护臭氧层,就是要少消耗资源,不要浪费资源,爱护我们的山山水水草草木木。感恩地球母亲,要从"我"做起。大学生人人要当环保主义者。在校园里要争取少用一度电,少用一杯水,不往地上扔一个烟头,不往地上吐痰,不浪费粮食,不损害公物。当然,也希望同学们向更多的人宣传环保,动员更多的人保护地球母亲。

  第三,要感谢另外一个母亲,那就是社会母亲。这个母亲为我们提供了实现梦想的舞台,为我们提供了实现梦想的机会,所以我们要感恩这个美好时代,感谢还算公平的社会,感恩我们强大的祖国。做个好学生,好好学习;做个好公民,遵纪守法,等我们有能力了,好好地帮助别人,好好地回报社会。

  作为现代大学生,我们就应该在世界观、人生观、价值观和生活方式上引领社

会。学校的全体教职工愿意在人生道路上和同学们一起践行"感恩、回报、爱心、责任"的校训。

三、学雷锋弘扬雷锋精神

雷锋像是在 2010 年校庆的时候落成的。时任上海市委副书记殷一璀(现任第十三届全国人大科教文化卫生委员会副主任委员)、统战部部长杨晓渡(现中央纪律检查委员会副书记)等诸多领导来为雷锋像揭幕。殷书记问周董:"为什么要树一尊雷锋像?"周董回答:"要给大家树立一个榜样。雷锋是个好人,坚持做好事,这个社会需要好人,雷锋的精神永不过时,值得弘扬。"

雷锋出生在湖南的一个农村家庭,后来到辽宁抚顺当兵,在一次事故中牺牲。有句俗话说,做一件好事容易,做一辈子好事很难。而雷锋就是一个坚持做好事,坚持为人民服务的榜样。老子在《道德经》里说:"从善如登。"就是说,做好事就像登山一样,背着很重的东西去爬山是很辛苦的。那为什么做好事这么难呢?第一,做好事不能求回报,求回报那就叫投资,所以做好事只有付出,不能为利为名,也不能到处嚷嚷,求得别人的表扬和好评,需要一定的境界和修养。第二,做好事难免好心没好报。有时候人与人之间缺乏必要的信任感,别人会怀疑你做好事的用心和动机。第三,做好事需要"成本",要花费时间、精力、甚至金钱、情感等。所以说做一件好事容易,坚持一辈子做好事很难。正因为难,所以难能可贵;正因为难,我们更不能放弃,更应该去坚持。

周董的座右铭是:以善为本,做个好人。2005 年,周董去辽宁抚顺雷锋学校担任该校课外辅导员,回来后开始在我校设立雷锋金质奖、银质奖和铜质奖。到目前为止大约有 7 000 多名学生获得过雷锋奖。我们学校有很多奖,但雷锋奖是一个非常特别的奖项,含金量很高。很多学生毕业后说,他们之所以被用人单位录取,不是因为文凭而是他们获得的雷锋奖章。用人单位很看重你的知识,但更看重你的为人。希望大家可以从现在开始,慢慢修炼自己,让自己成为一个善良的好人,希望每一个学子都是活雷锋。2017 年 3 月,我校雷锋馆正式落成并对外开放,是上海市志愿者服务基地,至今已经接纳了 2 万余人次参观交流。2018 年 1 月,教育部组织各省市教育界领导、全国各大高校校长书记、全国思想政治教育课程委员会专家等一行来我校考察雷锋精神教育融入教育教学全过程的有益探索,受到了广泛赞誉。

四、建桥的梦想

全国目前民办高校有1 000所左右,上海建桥学院的综合排名是全国第13位,教学质量排名第10位,上海地区排第1,全国专业排名第14位,上海地区排第1。建桥的办学特色通常用"两高、两美"来形容。

两高:一是高就业,学校毕业生就业率一直处于上海高校前列;二是高工资,本科毕业生就业后平均月工资比北上广非211学校的本科毕业生高580元左右。毕业生就业后进步快、融入集体快、吃苦耐劳、安心工作,很多同学没几年就成为单位骨干。

两美:一是人美,都是美女帅哥,心中有爱所以帅,心地善良所以美;二是美食,学校食堂菜品多、口味好,附近高校师生和小区居民常常慕名而来,以品味建桥美食为一大乐事。

学校董事会的目标就是要把上海建桥学院办成全国一流的民办大学。一流是什么概念?就是要把学校办到全国民办高校排名前三,这才算一流。虽然这个梦想有一定的难度,但我们相信,只要一起努力,这个目标一定会实现。近期的目标,就是把上海建桥学院升格为上海建桥大学。学院和大学是有本质区别的。根据教育部的规定,要升格为大学必须具备三个条件:第一,土地不能少于800亩。建桥在康桥地区办学16年,大家都已经习惯了那里的学习、工作和生活环境,但原来的校园面积只有487亩,远远达不到大学的要求。搬到临港,离中心城区远了不少,确有不少不便之处,但为升格大学创造了条件。现在的学校土地证上就是800亩,实际用地超过1 000亩,每亩土地96万元,光买土地就花了7.6亿元。第一期38万平方米,投资超过26亿元,所以资金的压力还是很大的。第二,副教授职称以上的教师不少于200人。这一点建桥已经做到了,师资力量在逐年增强。第三,专业硕士点不少于9个,现在举全校之力,争取近年获得招收研究生资格。建桥的梦想需要董事会资金的投入,更需要师生共同的努力。

事实上,有些学生是带着无奈的心情来到建桥的。他们看到有些同学上了北大清华这些名校,也看到有些同学被一些不错的公办学校录取,心里总有一种失落感。很多家长也坦言:"建桥虽然不错,但毕竟是民办,我的小孩又输在了起跑线上。"其实,还是要辩证地看待"起跑线"这个词语,千万不能被急功近利心态所影响。人生不是百米冲刺,人生是一场漫长的马拉松。人生这条路不是笔直的,而是有左拐、有右拐,有高有低,甚至还有回头路,这路上还有很多的坑坑洼洼,也有很多的陷阱。人生拼的是耐力,贵在坚持。建桥虽然是一所民办大学,也很多不尽如人意的地方,但是建桥教给大家的东西,一些名校不一定会有,建桥教给大家一些道理,一些名校也不一定会教。只要我们自尊自爱、自强不息,我们的建桥梦想一定能够实现。

资料拓展

1. 校史馆

位于图书馆一楼北侧,系统展示了我校创办18年来所走过的风雨历程和取得的各类成果。馆内"时光隧道"独具特色,带领参观者一同追溯历史、展望未来。

2. 雷锋馆

位于图书馆一楼南侧,占地400余平方米,2017年3月落成使用并对外开放。馆内分雷锋故事、雷锋精神、雷锋在建桥三个板块,系统展现了我校学雷锋教育活动的具体做法和取得的成果。2019年3月成为上海市志愿者服务基地。

3.《热血·厚土》

何羽著,2008年由上海三联书店出版。改革开放以来,温州被奉为经济发展的"热血",而凉州被誉为传统文化的"厚土"。该作品以对话方式展示温州企业家周星增、凉州作家雪漠的生命历程和精神思考。

4.《学习雷锋"桥"为径》

江彦桥主编,2018年由光明日报出版社出版。本书以雷锋精神的当代内涵作为启领,对弘扬雷锋精神与高等学校思想政治工作的关系进行剖析,引领学校校园文化建设;分析与总结在向应用技术型大学转型的过程中,如何把新时代雷锋精神与学校应用型人才培养目标相结合,并将其作为校园文化建设的主要内容的经验与体会;梳理与探讨雷锋精神融入学校思想政治教育的路径,雷锋精神融入教育教学全过程,全员育人、全方位育人,以"钉子精神"培养现代"工匠精神"的方法与路径。本书还以上海建桥学院十几年来师生践行校训、弘扬雷锋精神的案例,挖掘不同领域、不同类型的学雷锋先进典型,大力宣传这些来自师生、来自基层、真实可信的事例,并在此基础上介绍建桥学院有关以学习雷锋为抓手,指导学校校园文化建设的理论研究成果、育人成果和制度建设成果。

参考文献:

1. 黄清云.教育多样化:我的亲历与求索[M].上海:上海交通大学出版社,2009.

第二章　弘扬雷锋精神,践行青春使命梦想[①]

导语

　　雷锋是新中国成立后,产生于平常工作岗位上的时代楷模。他是一位年轻而普通的汽车兵,却在平凡的工作岗位上做出了不平凡的业绩。他人生短暂(1940—1962),却创造了不朽的"雷锋精神",成为新中国多位领袖题词称赞、全国人民学习的"国民榜样"。半个多世纪以来,学雷锋活动在全国蓬勃开展,产生了广泛而深远的社会影响。党的十八大以来,习近平总书记对传承和弘扬雷锋精神高度重视,多次在不同场合作重要指示,"雷锋是时代的楷模,雷锋精神是永恒的""你们要做雷锋精神的种子""雷锋精神,人人可学"。那么雷锋精神的内涵是什么,为什么要弘扬雷锋精神,雷锋精神为什么是永恒的,当代青年人如何弘扬雷锋精神呢?

一、雷锋精神是永恒的

　　首先我来谈谈雷锋精神为什么是永恒的。谈到雷锋精神,我马上想起近几年接触的几位雷锋的老战友。2016 年的 5 月 4 日,上海建桥学院邀请了雷锋班第一任班长和第四任班长来校为学生讲雷锋的故事,一起来讨论新时期我们如何学雷锋。两位老班长非常赞赏我校十多年坚持不懈学雷锋的做法,他们听说我校正在筹建雷锋馆之后,当即送给我们一个 U 盘,U 盘内有 13G 的雷锋的照片、故事等珍贵资料,为我校雷锋馆的筹建打下了良好的基础。

　　在过去的几年里,雷锋的战友们通过各种方式给予我校鼓励,他们都希望广大学生一起来弘扬雷锋精神,做新时代的雷锋式大学生。他们认为,现在我国经

[①] 主讲者简介:江彦桥,高等教育学博士,教授,上海建桥学院党委书记。主要研究方向为思想政治教育、高等教育管理、教育质量评价等。曾主持或参加并完成多项国家和上海市决策咨询课题,荣获上海市育才奖、国家与上海市优秀教学成果奖等奖项。

济发展了，人民生活水平提高了，但是有些人却把雷锋精神给淡忘了。那么究竟什么是雷锋精神呢？这就是我接下来要跟大家一起交流的。

（一）为什么雷锋到 16 岁才小学毕业？

我曾问参观雷锋馆的同学："为什么雷锋到 16 岁才小学毕业？是因为他成绩不好？还是由于其他原因？"雷锋于 1940 年出生，他的童年是在黑暗的旧社会度过的，他的爷爷被地主逼死，他的兄长到工厂里去做童工被资本家害死，他的父亲被国民党抓去做挑夫，然后累死，他的母亲走投无路被逼自尽。可怜的雷锋在 7 岁的时候就成了一个孤儿。新中国成立以后，已经 11 岁的雷锋才开始去读小学，所以他在 16 岁时才小学毕业。在新生入学那一天，校长送给他课本和笔记本，雷锋说："我没钱交学费，怎么办？"校长说："你放心！党和政府考虑到你的情况，学杂费都免了。"雷锋在学校里学习非常认真，所以学习成绩很好。雷锋热爱社会主义，这跟他童年的经历是密不可分的。他长大以后始终感谢共产党，感谢毛主席，感谢社会主义。他懂得了只有社会主义、只有共产党才能让他过上好日子，才能给他够上学的权利。

我们一直说要学雷锋，我们学雷锋应该首先知道雷锋是什么样的人，雷锋精神是怎样一种精神。雷锋在短暂而光辉的一生中，正确地解决了世界观和人生观的根本问题。用他自己的话来说，他是"真正懂得了怎样做人，为谁活着"。我校雷锋馆中有一张雷锋擦汽车的照片，照片旁边有一段雷锋的语录："我决心把自己有限的生命投入到无限的为人民服务之中去。"如果要把雷锋的精神进行概括，实际上，它就是一种无私的奉献精神，这种精神是中华民族优秀的传统美德和共产主义精神的有机结合。

（二）雷锋怎么会留下那么多照片？

参观学校雷锋馆时，有人会纳闷："20 世纪五六十年代，雷锋怎么会留下那么多照片？"雷锋小学毕业后被安排到乡政府做一名公务员，但是他主动请求到农场去工作。当时农场要买一台推土机，号召大家捐款，雷锋非常积极，他一个人就捐了 20 块钱。在 20 世纪 50 年代，这 20 块钱可不是一笔小数目。在农场工作期间，他工作非常积极主动，推土机开得也是非常专业。之后，他响应号召报名去鞍山钢铁厂做一名工人。在这段时间，他在很多方面都已经是模范、标兵了。雷锋坐火车到鞍钢去的时候，上车前在车站帮助老人和孕妇搬运行李，又把自己的位置主动让出来给需要的人。雷锋在鞍钢工作期间表现非常出色，经常被评为先进。入伍后，雷锋各方面表现都十分优秀，《解放军报》等报纸对他进行过专门的报道，全国人民已经认识了这个年轻可爱的小战士。上级领导还安排了一个记者，拍摄雷锋在各种场合的照片，这就是雷锋为什么会有很多照片的原因。

（三）雷锋精神是永恒的

1962年雷锋以身殉职。1963年2月《中国青年》杂志社请毛主席给雷锋同志题词。工作人员为毛主席准备了几份题词稿，他都没有采用，最后亲自撰写，也就是我们现在熟知的"向雷锋同志学习"。毛主席对身边的工作人员说："学雷锋不是学他哪一件好事，也不是学他某一个方面的优点，而是要学他的好思想、好作风、好品德。学习雷锋长期一贯地做好事，而不是做坏事，要学习他一切从人民的利益出发、全心全意为人民服务的精神。"毛主席当时还说，当然学习雷锋要实事求是、扎扎实实、讲求实效，不要搞形式主义；不但普通干部群众要学雷锋，领导干部也带头学，这样才能形成好的风气。现在我们再来回顾毛主席的这番讲话，会发现他不光概括了雷锋同志身上最本质的东西，还指明了学雷锋的方法。毛主席题词"向雷锋同志学习"的具体时间是1963年2月22日，3月5日正式刊登于《人民日报》，后来就把3月5日确定为"学雷锋日"。

对雷锋精神的概括有很多种，2012年中共中央办公厅在一个文件上对雷锋精神做了高度概括：学习弘扬雷锋热爱党、热爱祖国、热爱社会主义的崇高理想和坚定信念；学习弘扬雷锋服务人民、助人为乐的奉献精神；学习弘扬雷锋干一行爱一行、专一行精一行的敬业精神；学习弘扬雷锋锐意进取、自强不息的创新精神；学习雷锋艰苦奋斗、勤俭节约的奋斗精神。这五个方面非常好地概括了雷锋精神的当代内涵。

在今天这个时代，很难找到一个符号比雷锋更能够概括中国人的道德追求，也很难找到一种精神像雷锋精神这样，对几代人产生如此强大的感召力和凝聚力。认真研究雷锋精神，我们会发现它与社会主义核心价值观高度契合，尤其是与社会主义核心价值观个人层面的规范，即爱国、敬业、诚信、友善高度契合。正如习近平总书记所说，雷锋精神是永恒的，是社会主义核心价值观的生动体现。雷锋精神承载了人们的精神追求，是中华民族传统美德的积淀和延续，是一种奉献精神，是共产主义精神和中华民族传统美德的结合。

二、雷锋精神人人可学

前文叙述了雷锋精神是什么,下面想通过几个小故事告诉大家:雷锋精神人人都可以学。

(一) 郭明义的故事

郭明义是全国劳动模范,"郭明义爱心团队"是以他的名字来命名的一支志愿服务团队。这个团队在全国有 600 多个分支,全国的志愿者总人数已经超过 130 万了。多年来,在郭明义同志的感召、激励和引领下,爱心团队的广大志愿者积极投身捐资助学、无偿献血、捐献造血干细胞、捐献遗体(器官)、慈善义工、红十字志愿服务等社会公益领域,致力于服务帮助弱势群体,给无数困难家庭、困难学生送去帮助和希望,以实际行动倡导无私奉献精神、引领社会文明风尚,逐渐成为具有全国影响力的志愿者团队品牌。2014 年他们给习近平总书记写信,汇报他们的成果和心得。2014 年的 3 月 4 日,习近平总书记给"郭明义爱心团队"回信,他说:"雷锋精神人人可学,奉献爱心,处处可为,集小善为大善,善莫大焉。"这是总书记对"郭明义爱心团队",更是对全国人民学雷锋的一个肯定。

郭明义是爱岗敬业、无私奉献的一个榜样,是大家公认的雷锋精神的传人。郭明义说,雷锋的道路就是他的人生道路,他自己也参过军,退伍以后也在鞍钢工作过。从小到大,他一直以雷锋为榜样,做雷锋精神的传人。他立足本职,奉献岗位,爱一行、专一行、精一行。16 年里他累计加班时间为 15 000 小时,相当于多干了 5 年的工作。19 年里他共献了 6 万毫升血液,相当于他自己身体血液的 10 倍多。他曾经多次获得各级各类荣誉称号,2010 年他被评为"感动中国"的十大人物。在"感动中国"表彰大会上,颁奖词是这么说的:"他总看别人,还需要什么;他总问自己,还能多做些什么。他舍出的每一枚硬币、每一滴血都滚烫火热。他越平凡,越发不凡,越简单,越彰显简单的伟大。"这段话对郭明义予以了高度评价。一个人做一件好事并不难,难的是一辈子做好事,郭明义最令人感动之处就在于他一辈子都在做好事,像雷锋那样奉献自己。

(二) 钟扬的故事

钟扬教授生前是复旦大学研究生院院长、博士生导师,长期从事植物学、生物信息学科的研究和教学工作。2017年9月,他在去内蒙古给民族干部讲课的途中遭遇车祸,不幸离世,时年53岁。钟扬教授的一生可以这样概括:30多年从教,16年援藏,坚持10年引种红树。

钟扬教授是位令人敬重的教师,是浇灌祖国未来的辛勤园丁。钟扬说:"教师是我最在意的身份……每个学生都是一颗宝贵的种子,全心浇灌就会开出希望之花。"这些年,除了为国家收集植物种子,钟扬还倾注了巨大心血培育最心爱的"种子"——学生。

十几年间,他走遍青藏高原高海拔地区,收集可能上百年后会对人类有用的植物种子。他胸怀科技报国理想,长期致力于生物多样性研究和保护,率领团队在青藏高原为国家种质库收集了数千万颗植物种子。钟扬和学生们走过了青藏高原的山山水水,艰苦跋涉50多万公里,累计收集了上千种植物的4 000多万颗种子。这些种子大都被存放在国家和上海市种质库的冰库里面,可以保存100到400年。他艰苦援藏16年,足迹遍布西藏最偏远、最艰苦的地方,为西部少数民族地区的人才培养、学科建设和科学研究作出了重要贡献,他使西藏大学的生物学学科进入了国家一流学科的行列。

2007年,他开始引种红树,希望破解红树北移难题,探索50年后在上海见到最美海岸线的可能性。他说:"我的愿望是,50年甚至100年以后,上海的海滩也能长满繁盛的红树,人们提起上海的时候,会毫不吝啬地称其为'美丽的海滨城市'。虽然我不一定能看到这一幕,但上海的红树林将造福子子孙孙,成为巨大的宝藏——这是我们献给未来上海的礼物。"

(三) 包起帆的故事

包起帆曾担任上海国际港务公司副总裁,锐意进取、自强不息的创新精神在他身上得到了淋漓尽致的体现。现在码头用得比较多的是集装箱运输。各种货物用集装箱装好以后,通过公路、水路、铁路等途径完成运输过程,非常便捷。但是集装箱也不是什么东西都能运,比如散货、粮食、石油等是不能用集装箱的,尤其是木材,木材在装卸的时候,要特别小心木头倒下来砸到船舱里面的工人。工人的装卸作业非常辛苦,而且经常面临被砸死或砸伤的危险。包起帆同志做码头工人时,也发现了这一点,并专门来研究如何改进抓斗减少码头工人的风险。可以说他的一生都围绕着抓斗的改进、创新在不懈努力,一共开发了140多种抓斗,所以大家都叫他"抓斗大王"。他多次获得国家和国际发明类的大奖。2006年5

月,在巴黎国际发明展上,他一个人拿到4项金奖,打破了巴黎国际发明展创立至今105年以来单个人获金奖最多的纪录。包起帆同志在工作中锐意进取不断创新,取得了卓越的成绩。他说,不管什么时候,创新是需要苦干的,但是苦干不一定等于蛮干,你要有一定的基础才能做好创新工作。他说,创新好比种树,他也在种那些能够结出果实的树。上海第二工业大学专门建了"包起帆馆",我去参观过,那里有他当年学雷锋的体会,更多的是他的创新,让人叹为观止,大家也可以组织去参观学习。

以上三位模范人物的故事说明,雷锋精神人人可学、时时可学。从中我们也可以深切地感受到,雷锋精神的内涵非常丰富,除了乐于助人、乐于做好事之类,还包含着他爱党爱国、爱岗敬业、锐意进取、改革创新、无私奉献这些高尚的品德。其实在当代中国还有很多像郭明义、钟扬、包起帆这样的模范人物,他们都是雷锋精神的践行者,都是在新的历史条件下涌现出来的楷模。这也就告诉我们,只要有心用心,我们时时处处都可以成为雷锋精神的践行者。

三、奉献让青春焕发绚丽色彩

(一) 杰出校友马世华的故事

马世华是上海建桥学院商学院电子商务系2014届毕业生,也是2014届西部计划的志愿者。她,不为利。在西部志愿者岗位上一干就是三年,住过茅草房,拿着相当于别人三分之一工资的志愿者补贴,却时常会买东西送给当地穷困儿童。她,不为名。勤勤恳恳工作,连续获得优秀志愿者称号,她用自己的力量,开辟了当地电子商务平台的先河,她用自己的爱心,改变着许多贫困留守儿童的生活。

1. 学校校训成为工作格言

马世华至今仍能够回忆起入学那天,她和母亲一进校门看到校训石刻字,仰视着高大的雷锋像时,心中受到的冲击和震动。"妈妈,你快看,我的学校真有个性!竖的是雷锋像,校训也有人情味!"浸润在这所"追求"有些特别的学校,她在参加完校内的一次西部志愿者宣讲活动后,便萌生了"我也要做这样的志愿者"的念头。

2014年5月,即将毕业的马世华,在学校公告栏看到大学生西部计划志愿者正在招募,她放弃了实习单位——天天果园电子商务公司在沪工作的挽留,义无反顾地选择到西部去,完成她入学长久以来的夙愿。然而,"落差"是马世华来到志愿者服务地绥阳的第一种感受。最初,她连个"遮风挡雨"的像样住所都没有。马世华家在贵州贵阳,原本她认为贵阳、绥阳同处西部,差异应该不大。当她看到住所时,还是暗暗吃了一惊。她住了一年多的房子,是当地农村常见的茅草屋。木板构成墙壁,茅草瓦片遮盖房顶,遇到刮风下雨,屋内也是小雨滴答。于是,她找村民借了薄膜,覆在天花板上,解决了漏水问题。她还乐观地说:"当地农民们还没有想到这样做,我这样弄完就解决了漏雨问题,突然觉得自己挺能干的。"

2. 老乡心中的热心"小马哥"

来到绥阳担任志愿者工作后,马世华成了大家眼中的多面手。首先是做茅垭镇办公室文员,随后是洋川镇西街社区微笑小屋负责人,最后她成为绥阳团县委一名工作人员。不管在哪里,大家都唤这位相貌酷似男孩、爽朗热情、干练担当的小姑娘一声"小马"或"小马哥"。

最初,她在茅垭镇党政办是负责收发文件的。这个工作看似简单,却烦琐重要,一做就是一年多。她在做好本职工作之余多次组织青年志愿服务活动。她会在春节邀请镇里的书法老师以及书法爱好者参加"迎新春,送春联"活动。她组织、倡导镇里的机关干部开展爱心帮扶困难儿童留守儿童捐赠活动,镇上的店铺老板们也纷纷拿来自己店里适合孩子们的用品,镇水利站站长个人就捐赠了50套儿童保暖内衣,她则和镇团委书记用捐赠款项购买书包、运动鞋、文具等,送给该镇和平村红旗小学的困难儿童和留守儿童。爱心活动不久后,她又和镇里一名年轻干部一起,寻找企业捐赠物资帮扶该镇困难儿童。不负众望,她们找来了遵义一汽大众千汇汽车公司,该企业捐赠了上万元的物资并派车送往茅垭镇中坪小学。两次暖童心助学捐赠活动共帮助280余名困境儿童,下乡看望空巢老人10余名,一对一辅导留守儿童8名。

2015年,她决定再续签一年。茅垭镇当时正争创国家级卫生乡镇,虽然工作繁杂琐碎,但她还是积极主动地争取锻炼自己的机会,她放弃休息,主动参与该镇创卫工作,走街串巷,实地拍摄修桥铺路照片,埋头码字,撰写申报工作稿件内容。她意识到自己肩上的担子,每天穿梭在街头搜集第一手的资料,及时向领导反映问题并积极配合创卫工作,周末她仍然坚守岗位,不敢有一点马虎。街坊们说,经常看见她一个人拿着相机、本子和笔在背街小巷穿梭。镇上一小卖部的老板何大哥说:"小马是个很勤奋又聪明的姑娘,在街上都能看见她工作的样子,特别认真。"马世华认真的态度得到领导和同事,以及乡亲们的认可,在镇政府年终大会上,她获得该镇"最佳民生奖"荣誉。

3. "四点半课堂"里倾注爱心

马世华的热心也收获了老乡们的真心。她在团县委工作后,老乡们对她念念不忘。"我们小马又回来了,怎么也不打招呼啊!""我们大家约着来看你,真舍不得你走啊!"在校期间,马世华有"中央空调"之称,同学当时觉得她温暖贴心,便送了她这么一个绰号。她也将她的这份"暖气"输送到了洋川镇西街社区。这也是她最喜欢、最难忘的工作——微笑小屋负责人。

2015年是精彩的一年。这一年的10月底,镇里的创卫工作基本完善,道路的平坦、路边的绿化、背街小巷的干净清新,得到了街坊乡亲们的赞美。此时的马世华并没有松懈,而是觉得应该继续锻炼自己,于是她向团县委提出申请,希望能换一个环境继续提升自己。11月初,她来到另一个新的环境——洋川镇西街社区微笑小屋,活泼开朗的她很快和社区的同事融入在一起,并熟悉微笑小屋的工作。在她的推动下,微笑小屋的建设越来越好,现在的微笑小屋有独立教室、绿色网吧、图书阅览室、爱心厨房。

微笑小屋有个"四点半课堂"。在团县委的帮助下,马世华向附近的小学发放了微笑小屋"四点半课堂"的简介和招生宣传,现在微笑小屋的"四点半课堂"有了八名小学生。马世华和在这里学习的孩子都收获了很多快乐。这里有不少留守儿童,马世华就在孩子们四点半下课后,准时在小屋守着,教他们家庭作业、检查功课,也陪他们下棋、折纸。家长们表示,小马每天都换着方法陪伴学生,直到学生家长下班来接孩子;周末学生找她帮忙辅导作业,她也是热情不减,认真陪伴着学生们。因为她的亲切,学生都很喜欢她。2016年1月,在团县委的帮助下,她组织镇里的大学生志愿者开展冬日送温暖、帮扶困难儿童留守儿童以及孤寡老人,给他们送去水果、书包、文具等物资和关爱。

小杰是她在"四点半课堂"认识的一个孩子,从小跟着爷爷奶奶长大,面对生人他十分羞涩和拘谨。一次家庭走访后,马世华得知小杰因为父母离异外出,家里的开支都是奶奶捡瓶子、卖废纸、织毛线鞋子、编制竹筐攒出来的。她下决心要照管这孩子。她对孩子的奶奶说:"虽然我没有多少工资,但是只要他有需要,我会尽力帮忙!"以后,她每次看望孩子,便会买些东西给他。实际上,拿着志愿者补贴的她,每个月收入仅为当地普通职工收入的三分之一。

为了让"四点半课堂"的孩子们更好地成长,她还开辟了"爱心食堂",为放学后饥饿的孩子提供一顿暖心加餐。她还像"小家长"一样,操心孩子的成绩和教育。

4. 热心服务社区和居民

来到洋川镇西街社区后,马世华用自己的专业开辟了当地电子商务购物的智慧服务先河。社区书记知道她的电子商务专业背景后,征询了她的建议,向镇里申请将镇电子商务服务中心安置在西街社区。项目之初,由于当地电子商务模式刚刚起步,很多当地老乡不知如何操作网上购物,也对银行卡绑定网上支付有所顾忌。为解除大家的顾忌,马世华以便民服务店的方式免费为大家提供服务。她还会记录乡镇村民的购物清单,然后负责帮忙网上采购。快递只送到县城,她便将所有东西从县城带回来送到居民和村民手中。现在大家已经渐渐接受了快捷便利的网上购物形式。同时,她利用休息时间,积极参加洋川镇电子商务中心运营、社区党建、社区远程教育、社区"两学一做"等工作。她不怕麻烦、耐心地帮助别人,得到了邻居们的赞扬。她说:"我们都只是一个普普通通的人,志愿者的时间很短,尽己所能,为身边的人做一些力所能及的事,为家乡的发展尽一份绵薄之力。"

新时代呼唤雷锋式的行业精英,作为西部志愿者,马世华用行动诠释了"奉献、友爱、互助、进步"的志愿者服务精神和雷锋的奉献精神。党的十九大绘制了中国发展的宏伟蓝图,中国特色社会主义进入新时代。各位同学今后肯定是各行各业的中坚力量,作为主力军亲身参与中华民族的伟大复兴,亲眼见证几代人为之奋斗的中国梦在你们手上变成现实。希望你们在未来的工作岗位中,干一行爱一行,专一行精一行,奉献自己的青春,成为雷锋式的行业精英。

(二) 雷锋精神助力大学生成长成才

每年学校本科毕业典礼时,都要请一些校友给毕业班同学来讲一讲他们在工作岗位当中的体会。我校通常邀请那些虽然名不见经传,但是在自己岗位上做出成绩、做出特色的校友。给我印象较为深刻的是 2016 年邀请来校的松江区公安局政治处的一位校友,他是我校新闻学院的专科毕业生。毕业典礼上他介绍了自己如何以雷锋为榜样,从基层民警开始做起,把自己学到的东西用到工作当中去。一开始做画黑板报和出宣传栏一类的事情,后来他用新媒体进行宣传。他在微博上的知名度越来越高,很多作品在上海和全国的一些比赛展示当中屡获奖项。他的网名是"警察小周",真名叫周震振,有成千上万的粉丝,中国警察网还专门报道过他。他现在是上海市青年岗位能手、上海公安局优秀警察。周震振的例子告诉我们,只要你干一行、爱一行、精一行,就能够在各行各业作出独特的贡献。大家应该像雷锋同志那样,树立与这个时代的主题同心同向的理想信念,勇于担当这个时代所赋予的历史责任、励志进取、刻苦磨炼,在激情奋斗当中绽放我们的青春光芒。

(三) 上海建桥学院以培养雷锋式毕业生为目标

大家对建桥学院的校训都很熟悉——感恩、回报、爱心、责任。十几年来我校坚持把新时代的雷锋精神与校训,作为弘扬社会主义核心价值观的载体融入学校人才培养的全过程。我们学校的三座桥分别是:为学生建成才之桥、为教师建立业之桥、为社会建育人之桥。经常会有前来我校雷锋馆参观的人问:"建桥学院为什么要选择去学雷锋?建桥学院为什么要建雷锋馆?"我校从 2005 年开始在全校设立雷锋奖,表彰那些见义勇为、无偿献血等各方面表现都比较突出的学生。是什么样的契机促使我校决定设立雷锋奖呢?这还要从周星增董事长的一段经历谈起。

周星增董事长是辽宁抚顺雷锋小学的校外辅导员,他当时看到这所小学每年都颁发雷锋奖,认为我校也可以大力弘扬雷锋精神,为优秀学生颁发雷锋奖。从 2005 年开始,我们坚持了 13 年时间,到现在为止已经有 7 000 多位同学分别获得金、银、铜奖。周董认为,名牌大学、重点大学,它的目标可能是培养类似钱学森这样的领军人才。但是一个社会它不仅需要领军人才,还需要一大批勤奋敬业爱岗、乐于奉献的雷锋式劳动者。他的话道出了上海建桥学院作为一所应用技术型大学的人才培养目标,就是我们培养的是既要上岗,同时又具备踏实、勤奋、爱岗、敬业、奉献的社会主义建设者和接班人。来我校参观雷锋馆的社会各界人士对我校弘扬雷锋精神,将社会主义核心价值观,落小、落细、落实的生动实践予以高度评价。

我校张世军校友,雷锋式大学生的杰出代表。他于 2012 年 9 月入学,2013 年 9 月应征入伍,2015 年退伍后复学。入伍后他被分配到北京空军司令部,在部队期间工作认真,多次轻伤不下火线,出色地完成了军队交付的各项任务,获得"优秀士兵"的光荣称号。他退伍后回建桥继续读书,在毕业时到上海交大应聘辅导员,和他一起竞聘的大都是重点高校的研究生,结果出人意料,他被成功录用。应该说,上海建桥学院这么多年坚持学雷锋,然后把弘扬雷锋精神融入整个教育教学的全过程当中去,确实取得了良好的育人效果,上述这些优秀毕业生的案例就是很好的佐证。

(四) 寄语青年：奉献青春

2017年5月3日，习近平总书记在中国政法大学考察时指出，希望青年人正确认识世界和中国的发展大势、正确认识中国特色和国际比较、正确认识时代责任和历史使命，同时也正确认识远大抱负和脚踏实地。总书记提出的"四个正确认识"包括历史与现实的关系问题、国际和国内的关系问题、社会和个人的关系问题，还有理想和实际的关系问题。总书记希望大家在青年阶段，为自己成长奠定科学的思想基础，要让增长本领成为青春搏击的能量。总书记说，青年处于人生积累阶段，需要像海绵吸水一样汲取知识。广大青年抓学习，既要惜时如金、孜孜不倦，下一番心无旁骛、静谧自怡的功夫，又要突出主干、择其精要，努力做到又博又专、愈博愈专。特别是要克服浮躁之气，静下来多读经典，多知其所以然。他认为年轻同志在青年时期，要培养和训练自己的科学思维方法、思维能力。这段时间是一个关键时期，无论在学校还是在社会，都要把学习同思考、观察同思考、实践同思考紧密地结合起来，保持对新事物的敏锐。学会用正确的立场观点方法来分析问题，善于把握历史和时代的发展方向，善于把握社会生活的主流和支流、现象和本质。青年时期如果养成这种历史思维、辩证思维、系统思维和创新的思维，将终身受用。广大青年人人都是一块玉，要时常用真善美来雕琢自己，不断培育高洁的操行和纯朴的情感，努力使自己成为高尚的人。习总书记还提到："我们要把远大的抱负落实到实际行动当中去，不断地来提升自己的实践能力、锻炼自己的实践能力。大家要坚持全面发展，发扬雷锋的钉子精神，在学习能力、实践能力以及创新能力等方面下更多的工夫。"上海建桥学院通过对用人单位的广泛调研之后，总结概括形成了我校学生八项核心能力：表达沟通、自主学习、专业能力、尽职抗压、系统创新、信息应用、服务关爱、国际视野。在知识爆炸的年代，如果不会学习的话，在学校里学的那些东西，很快就会过时，所以要树立终身学习的理念。在大学读书的时候，提升专业能力非常重要，走向社会，便要立足岗位，以更加精湛的专业技能服务社会，奉献社会。

让我们一起牢记总书记的教诲，学习雷锋，弘扬雷锋精神，努力培养自己的责任和担当意识，不断锤炼自己。

第三章 一带一路：中国智慧，大国担当[①]

导语

"一带一路"倡议自2013年习近平总书记提出之后，至今已经8年。8年来，"一带一路"倡议从理念转化为行动，从愿景转变为现实，相关国家、地区秉持共商共建共享原则，政策沟通不断深化、设施联通不断加强、贸易畅通不断提升、资金融通不断扩大、民心相通不断促进。

一、"一带一路"倡议的时代背景

截至2018年9月，已有130多个国家和国际组织与中国签署了合作协议，"一带一路"关键项目和示范性工程纷纷落地生根，沿线国家人民有了越来越多实实在在的获得感[②]。截至2019年7月13日，亚洲基础设施投资银行成员总数达到100个。分别于2017年5月召开的第一届"一带一路"国际合作高峰论坛和2019年4月举行的第二届"一带一路"国际合作高峰论坛在国际社会产生广泛影响，"一带一路"既推动中国走向世界、重构对外开放格局，又将中国发展机遇同沿线和世界各国分享，让各方搭乘中国发展的"快车"和"便车"。

今天"一带一路"已经成为全世界范围之内的热词，是从国内到国外整个媒体界出现频率最高的词之一。

2015年我国GDP的总量已经超过了70万亿元人民币。从2011年开始，我国GDP增长率开始逐渐下降。最近几年一般在6.5到7.0之间。

[①] 主讲者简介：朱瑞庭，中共党员，教授，上海建桥学院校长。1989年毕业于杭州大学经济系。1997年至2001年在德国马堡大学经济系攻读博士学位，获企业经济学（市场营销方向）博士学位。2006年破格晋升教授，2004年获"上海市引进海外高层次留学人员专项资金"资助。2004年、2009年获上海市"育才奖"，2008年获宝钢优秀教师奖。发表高质量论文20余篇，出版《中国零售业"走出去"战略的支撑体系——理论及实证分析》《市场营销学教程》等专著。"中国零售业'走出去'对接'一带一路'国家倡议的途径及对策研究"获2016年度国家社科基金一般项目立项。担任江西财经大学、东华大学、上海海洋大学兼职硕士生导师。

[②] 《"一带一路"倡议五年成果丰硕》，载《光明日报》，2018年10月26日，第4版。

我国(截至2017年)人均GDP大概8 000美元,在全球范围之内,大概是中等国家水平,稍微偏上。

在进出口方面,从2010年之后我国逐步成为全世界范围之内进出口总值或者说世界贸易当中的第一大国。今天,中国是全球范围之内的第一贸易大国。从总量上来看,我们现在是第二,过去17年中国相继超过了日本,超过了德国,成为世界经济总量第二位。

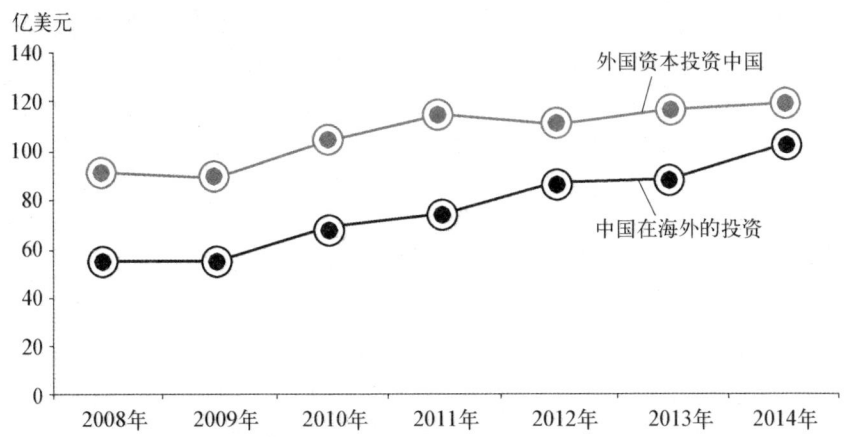

上图是我国每年接受的外国资本投资到中国和中国在海外的投资数据。这张图截止到2014年,因为我们国家对外投资体制在2014年发生了重大的调整,原来是审批制,后来就改成备案制。2015年开始我们国家的对外投资增长速度非常迅猛,现在我们国家每年接受的FDI投资和我国到海外投资的数据都超过了1 200亿美金。现在中国是一个对外投资的净投资国,是资本净输出国。

这些数据和图表说明2012年以后中国整个的经济发展进入了新常态。中国的经济发展日益融入全球价值链,我国GDP已经是世界第二位,进出口总值是第一位。在全球价值链当中,中国的份额越来越多,占比越来越高。但是,在这个价值链当中,我们是处在微笑曲线的中间。也就是说我们是通过比较优势,特别是我们在生产要素当中劳动力比较低的成本要素,通过更多的加工贸易方式,通过更多的外商投资企业出口,形成中国进出口总值世界第一的状况。但是这一条微笑曲线当中的两端,一端是以研发为代表,一端以品牌和渠道为代表,这两端我们占的份额不高。中国企业赚的都是一点辛苦钱,赚得多的是在全球价值链当中占据了价值链高端的发达资本主义国家,他们拿走了全球贸易当中最赚钱的部分。在经济发展日益融入全球价值链、对外依存度高的背景下,国家必须改变长期以来以"引进来"为主的思路、体制和相关政策,从而过渡到实施"引进来"与"走出去"相结合的阶段,推动中国经济转型升级、创新发展,避免落入中等收入陷阱。

什么叫中等收入陷阱?通常,一个国家 GDP 从人均 3 000 美金到 10 000 美金以上,就跨越了中等收入陷阱进入了高收入的国家。但是我们现在处在 8 000 美金左右这么一个阶段,还是一个中等收入国家。为什么说我们一定要想尽一切办法跨越中等收入陷阱?因为从 20 世纪六七十年代开始就有非常多的国家,曾经因为没有跨过中等收入陷阱,至今仍然深陷其中。这些国家如:南美阿根廷和亚洲菲律宾,他们的人均 GDP 都曾超过了 8 000 美元,可是后来掉入中等收入陷阱,人均 GDP 回到 3 000 美元以下。中国正处在这么一个阶段,在这样的背景下,我们要重新审视自 1978 年以来改革开放的道路,在全面深化改革的过程中,推进更高水平的对外开放,构建开放型经济新体制,上海的自由贸易试验区就是在这样的背景下提出来的,即更高水平的对外开放。

回顾改革开放 40 年的历程,从 1978—2018 年,我们所走过每一步,都需要培育我们国家经济增长的新动能,要建立我国经济与贸易大国地位相称的全球贸易,全球治理的新格局,思考要构建对外开放经济新体制。"一带一路"的提出背景,是中国改革开放以后经济社会发展的现实,这个现实促使中国发展需要一个蓝图,推动我们国家的对外开放向更高水平发展,构建崭新的经济开放新体制。此外,在全球经济治理体系中,中国的分量和所处地位与我们的经济地位不相称,具体表现在二战以后形成的全球经济治理当中的 WTO、世界银行、国际货币基金组织这三驾马车,中国在其中的发言权与我们所处的经济地位完全不相称,中国同样需要新的定位。

放眼全球,我们看国际背景。2008 年美国次贷危机引发了全球的金融危机,全球经济进入了深度的调整。习近平总书记在 2017 年"一带一路"国际合作高峰论坛上指出:从历史维度看,人类社会正处在一个大发展大变革大调整时代。世界多极化、经济全球化、社会信息化、文化多样化深入发展,和平发展的大势日益强劲,变革创新的步伐持续向前。各国之间的联系从来没有像今天这样紧密,世界人民对美好生活的向往从来没有像今天这样强烈,人类战胜困难的手段从来没有像今天这样丰富。从现实维度看,我们正处在一个挑战频发的世界。世界经济增长需要新动力,发展需要更加普惠平衡,贫富差距鸿沟有待弥合。地区热点持续动荡,恐怖主义蔓延肆虐。和平赤字、发展赤字、治理赤字,是摆在全人类面前的严峻挑战①。"和平赤字"是指当今世界范围并不太平,战争频发;"发展赤字"是指相当多的国家还处在发展中,甚至欠发达的、贫困的状态。从全球经济治理角度来讲,因为缺乏有效的治理,所以存在着治理赤字。

我在读大学的时候看了很多外国的文献,其中很多文献讲到了20世纪70年代末到20世纪80年代,按照WTO(当时叫关贸总协定)、国际货币基金组织和世界银行这三驾马车共同发起的方案,在南美洲和非洲很多国家做实验。从学术研究方面,学者们分析了这些国家的经济社会发展的实践,结果证明按照这样的模式,在这些国家的实验是失败的。他们曾经有很大的希望跨越中等社会陷阱,最后在这样的治理模式下面重新返回到了贫困当中。学者们在学术界已经开始反思,当时的治理到底出了什么问题。2013年习近平总书记提出"一带一路"倡议后,在全球范围之内之所以能够获得广泛的响应,尤其在发展中国家、欠发达国家当中得到强烈的反响,正是因为这些国家从自身发展当中汲取了经验教训。

"一带"指的是丝绸之路经济带,中国与经过中亚一直到欧洲的古代"丝绸之路"所及的区域的经济合作。"一路"指的是"21世纪海上丝绸之路",涵盖了中国与东南亚到印度洋以至于地中海区域的合作。如果从狭义的地理概念来看,从中国出发"丝绸之路"经济带,沿着古代"丝绸之路"方向一直向西方向延伸,"21世纪的海上丝绸之路"是经南海、东南亚、马六甲海峡、印度洋,一路过去到地中海,再到欧洲国家。

2013年9月和10月,习近平总书记提出"一带一路"的倡议后,2015年3月28日,国家发展改革委、外交部、商务部联合发布了《推动共建丝绸之路经济带和21世纪海上丝绸之路的愿景与行动》。在实质性地推进"一带一路"倡议的过程中,已经取得了非常大的成就,特别是2017年5月中国政府主办的"一带一路"国际合作高峰论坛的召开。

二、"一带一路"倡议的基本内容

"一带一路"倡议的基本原则是共商、共建、共享。"一带一路"框架思路的四大理念:和平合作、开放包容、互学互鉴、互利共赢,成为我们现在的四种精神。

"一带一路"从2013年提出到现在,中国政府一直在不断探索,它所包含的内

---

① 习近平:《摆在全人类面前的严峻挑战是我一直思考的问题》,新华网,2017年5月14日,http://www.xinhuanet.com//world/2017-05/14/c_129604238.htm。

涵越来越丰富。它涉及基于政治互信基础上面的文化包容，在经济方面的融合，而利益共同体、命运共同体、责任共同体正是体现"一带一路"的大国智慧和中国担当。

从内容角度来看，"一带一路"的框架思路有六大经济走廊，即陆路：中蒙俄经济走廊、新亚欧大陆桥、中国—中亚—西亚经济走廊、中国—中南半岛经济走廊；海上：中巴经济走廊、孟中印缅经济走廊。有我们通常讲的五通，五个方面的合作。

第一是政策沟通。很多事情如果没有双边的甚至多边的政策沟通，事情就很难推进。从官方层面，国家与国家、政府与政府之间的政策沟通，是"一带一路"推进过程当中的一个重要保障。

第二是设施联通。从道路联通扩展到了设施（基础设施）联通。中国改革开放40年的实践证明，要致富，先修路。而很多发展中国家当时按照前面的三驾马车模式治理的时候，恰恰忽视了这些方面。我们发现很多当时有可能跨越中等社会的国家，他们的基础设施到现在为止依然非常落后。中国40年的改革开放经历告诉世界，基础设施建设非常重要，它支撑着经济建设。所以在"一带一路"推进过程中，我们希望把基础设施的互联互通作为优先发展的领域。

第三是贸易畅通。经济融合，首先从投资和贸易开始。

第四是货币融通。货币融通是全球的贸易和投资的桥梁。全球范围之内美元独大，美国牢牢控制着全球金融的主导权。在推进"一带一路"项目过程中，人民币能够发挥更大的作用，我们的目标就是要让人民币走向国际，甚至是成为主要的国际结算货币。到那时，也许基于日元、基于美元、基于人民币、基于欧元的全球经济治理体系，会变得更加公平。中国已经取得了很大的进展，2016年10月1日，人民币正式加入国际货币基金组织特别提款权（简称 SDR）的一篮子货币，这对中国来讲是来之不易的，非常关键。

第五是民心相通。我是搞消费者行为研究的，通过研究发现，消费者的消费冲动和消费行为，很多是基于各自的文化背景。不同国家有不同的文化，区域甚至有次文化、亚文化。在研究消费者购买行为的时候，离不开对本土文化的了解。当国家与国家之间进行投资和贸易往来的时候，离不开对对方国家文化背景的把握。文化相通非常有利于促进我们的经济和投资的发展。现在各国人民来往如此频繁，全球范围之内的旅行、商务往来如此频繁，很多不同国家的文化在这个过程当中逐步趋同和融合。通过打开大门引进外资，越来越多的中国人接受了洋食品、洋快餐，越来越多的中国人开始喜欢喝咖啡。不同文化之间，如果放到对立甚至冲突的位置上面的话，两个国家之间的投资和贸易就会出现问题。把"五通"作为实施"一带一路"倡议重要的保障、优先的领域、重点的内容、重要的支撑、社会的根基非常贴切。

"一带一路"倡议的合作机制。要加强双边合作，开展多层次、多渠道沟通磋商，推动双边关系全面发展。推动签署合作备忘录或合作规划，建设一批双边合作示范。建立完善双边联合工作机制，研究推进"一带一路"建设的实施方案、行动路线图。充分发挥现有联委会、混委会、协委会、指导委员会、管理委员会等双边机制作用，协调推动合作项目实施。

强化多边合作机制作用，发挥上海合作组织（SCO）、中国—东盟"10＋1"、亚太经合组织（APEC）、亚欧会议（ASEM）、亚洲合作对话（ACD）、亚信会议（CICA）、中阿合作论坛、中国—海合会战略对话、大湄公河次区域（GMS）经济合作、中亚区域经济合作（CAREC）等现有多边合作机制作用，相关国家加强沟通，让更多国家和地区参与"一带一路"建设。

继续发挥沿线各国区域、次区域相关国际论坛、展会以及博鳌亚洲论坛、中国—东盟博览会、中国—亚欧博览会、欧亚经济论坛、中国国际投资贸易洽谈会，以及中国—南亚博览会、中国—阿拉伯博览会、中国西部国际博览会、中国—俄罗斯博览会、前海合作论坛等平台的建设性作用。支持沿线国家地方、民间挖掘"一带一路"历史文化遗产，联合举办专项投资、贸易、文化交流活动，办好丝绸之路（敦煌）国际文化博览会、丝绸之路国际电影节和图书展。倡议建立"一带一路"国际高峰论坛。

我曾经接待了来自德国和法国的几个高校的EMBA访学团，其中有一位教授在之前跟我的邮件沟通当中，特别希望我在给他们介绍"一带一路"的时候，专门讲一下有关亚洲基础设施投资银行（Asian Infrastructure Investment Bank，简称亚投行，AIIB）、丝路基金、金砖国家开发银行等方面的内容，因为亚投行由中国发起，丝路基金由中国政府主导成立，金砖国家开发银行由五大金砖国家发起成立。亚洲基础设施投资银行发起之初，西方发达资本主义国家都在观望，甚至排斥。当看到"一带一路"以银行作为支撑，在不断向前推进的时候，欧美一些发达国家的集团逐步地开始松动，以英国、加拿大、德国等为代表，纷纷加入亚投行。截至2017年，亚投行创始国成员国57个，正式的成员国80个。从2014年成立，到现在为止，亚投行已经得到全世界的高度认可，全球最有名的国家主权信用评级的机构,已经给了亚投行非常高的评级。

亚投行首批投资项目以基础设施建设为主,横跨能源、城市发展和交通运输部门。投资的国家有中亚的、东南亚的、南亚的,都是在亚洲范围内。这些项目的建设都是按照国际标准来做。美国在国际货币基金组织的运作机制中给自己设定了一票否决权,但是中国放弃在亚投行当中的一票否决权,就此一项,迅速得到全球范围之内的认可,尤其是亚投行的成员国高度认可。

2017年5月14日至15日,在北京举行"一带一路"国际高峰论坛。29位外国元首、政府首脑及联合国秘书长、红十字国际委员会主席等3位重要国际组织负责人出席高峰论坛,来自130多个国家的约1500名各界贵宾作为正式代表出席论坛,来自全球的4000余名记者报道此次论坛。它所产生的影响力、辐射力、号召力与其他一些类似会议完全不可同日而语。合作论坛的主旨是总结过去,规划未来,包括开幕式、圆桌峰会和高级别会议三个部分。在圆桌峰会上,习近平主席发表了《携手推进"一带一路"建设》主旨演讲。用五句话总结过去的四年所取得的进展:政策沟通不断深化,设施联通不断加强,贸易畅通不断提升,资金融通不断扩大,民心相通不断促进。高峰论坛最后发表了《"一带一路"国际合作高峰论坛圆桌峰会联合公报》《"一带一路"国际合作高峰论坛成果清单》,涵盖政策沟通、设施联通、贸易畅通、资金融通、民心相通5大类,共76大项、270多项具体成果。内容非常丰富,涵盖了五通的方方面面,尤其是绿色发展的问题,这一条在270项内容里面占了非常多的篇幅和内容。这也是为了回应西方国家对发展中国家发展过程中破坏生态、破坏生态保护、破坏环境等的质疑甚至诽谤。

2016年7月,我有幸作为成员参加中国服务贸易代表团去内罗毕参加国际会议,我们去看了肯尼亚的首都内罗毕到该国最大的港口城市蒙巴萨之间的蒙内铁路。这条铁路里面所有的列车服务员,都是按照中国的标准,由中国铁路总公司提供的技术培训,所有的服务流程都是按照中国的规矩来办。我们参观了他们的一个车站,也是按照中国规格来做。在中央电视台"一带一路"的专题报道中,有一档节目专门介绍了蒙内铁路的建设过程,采访了很多当地的肯尼亚人。乘客们很开心,都说从来没有乘坐过这么平稳、这么快的列车。

我在德国待了六年多,路易斯堡去过两三次。它是德国的一个内河港口城市,内河港口在过去的二三十年间基本上处于半死不活的状态。德国本身面积不算大,幅员大概相当于我们浙江和江苏两省之和。他们高速铁路从北到南只需要五六个小时,一般火车速度在150公里/小时到200公里/小时之间。高速公路非常发达,铁路交通更是如此,主要城市与城市之间每个小时开一班。因而德国内河港口已经江河日下,无法发展。2011年从中欧班列开始,一些内河港口城市,突然之间发展迅速。

2010年中国开始开行中欧班列。什么叫中欧班列?中欧班列是指按照固定车次、线路等条件开行,往来于中国与欧洲及"一带一路"沿线各国的集装箱国际铁路联运班列。截至2018年6月底,中欧班列累计开行量已突破9 000列,运送货物近80万标箱[1]。国内开行城市48个,到达欧洲14个国家42个城市,运输网络覆盖亚欧大陆的主要区域。2018年8月26日,随着X8044次中欧班列(汉堡—武汉)到达武汉吴家山铁路集装箱中心站,中欧班列累计开行数量达到10 000列。截至目前中欧班列累计开行超过11 000列,运行线路达到65条,通达欧洲15个国家的44个城市,累计运送货物92万标箱。刚开始的时候,中欧班列装满了中国的出口货物,直抵中东欧,包括波兰的华沙,德国的路易斯堡、汉堡,西班牙的马德里等,开回来的列车大都是空车,往往在5列车当中有4列是空的,仅有1列装了欧洲国家货物。然而如今5列开过去,起码有3列装满了"一带一路"沿线国家(包括中东、欧洲)的货物开回中国。这也体现了一种中国担当。中国在推进"一带一路"的过程中,并不只是出口中国的产品,也要买进各国的产品。习近平总书记郑重向全世界承诺,自2018年开始,中国将每年举办中国进口商品博览会,地址就选在上海,这就是中国的担当。让海外商品都可以进入中国市场,搭上中国发展的班车,分享中国经济发展的红利。

我给德国EMBA访问团讲了中国的新四大发明,高铁、支付宝、共享单车、网购,向他们介绍"双十一"。他们非常感兴趣,有一个德国学生就问我:"你认为德国的消费者有没有可能以后买到中国的生鲜食品?"生鲜食品要通过网络的方式销售是比较麻烦的,做网络营销的人都知道什么东西可以通过网络卖,什么不可以,它是有限制有要求的。在上海,今天下订单,可能两三个小时以后商家就给你送到了。我们到欧洲有几千公里,当然就没有那么简单了。但是,不怕做不到,就怕想不到。事实上如果通过不断的布点配送中心,也是可以做到的。最近这几年生鲜电商在中国的发展非常迅速,已经远远突破了网络营销的理论模式和框架。

---

[1] 标箱,英文全名Twenty-foot Equivalent Unit,缩写为TEU规格。为了便于计算集装箱数量,以20英尺长的集装箱为标准箱,也称国际标准箱单位,通常用来表示船舶装载集装箱的能力,也是集装箱和港口吞吐量的重要统计和换算单位,其余规格的集装箱可以20英尺为标准折合计算。

如果中亚国家、中东国家基础设施达到了物流配送的条件,我们相信,在不远的将来,生鲜配送问题也是可以解决的。

习近平总书记在报告里讲到,我们要推动"一带一路"建设行稳致远,要把它建设成为和平之路、繁荣之路、开放之路、创新之路、文明之路。中国愿同世界各国分享发展经验,但不会干涉他国内政,不会输出社会制度和发展模式,更不会强加于人。我们推进"一带一路"不会重复地缘博弈的老套路,而将开创合作共赢的新模式;不会形成破坏稳定的小集团,而将建设和谐共存的大家庭[①]。

三、"一带一路"倡议体现中国智慧

党的十九大报告提到:开放带来进步,封闭必然落后,中国开放的大门不会关闭,只会越开越大,要以"一带一路"建设为重点,坚持引进来和走出去并重,遵循共商、共建、共享原则,加强创新能力开放合作,形成陆海内外联动、东西双向互济的开放格局。拓展对外贸易,培育贸易新业态、新模式,推进贸易强国建设。实行高水平的贸易和投资自由化便利化政策,全面实行准入前国民待遇加负面清单管理制度,大幅度放宽市场准入,扩大服务业对外开放,保护外商投资合法权益。凡是在我国境内注册的企业,都要一视同仁,平等对待。优化区域开放布局,加大西部开放力度,赋予自由贸易试验区更大改革自主权,探索建设自由贸易港。创新对外投资方式,促进国际产能合作,形成面向全球的贸易、投融资、生产、服务网络,加快培育国际经济合作和竞争优势。报告明确提出要以"一带一路"建设为重点,坚持"引进来和走出去"并重。那么"一带一路"倡议体现了怎样的中国智慧?

第一,"一带一路"倡议在从理念到蓝图的过程中体现了中国智慧。2013年中国提出"一带一路"倡议的时候,仅仅是"理念",到2015年3月提出"愿景与行动",是过去一年多的时间才正式发布。在过去的几年,中国一直在摸着石头过河,不断地累积经验,完善顶层设计,有效地推进具体项目落地。

2015年,习近平总书记访美时在欢迎晚宴上表示:世界上本无"修昔底德陷阱",但大国之间一再发生战略误判,就可能自己给自己造成"修昔底德陷阱"。什么叫"修昔底德陷阱"?"修昔底德陷阱"是指一个新崛起的大国必然要挑战现存

---

① 习近平:《携手推进"一带一路"建设——在"一带一路"国际合作高峰论坛开幕式上的演讲》,新华社,2017年5月14日,www.xinhuanet.com/2017-05/14/c_1120969677.htm。

大国,而现存大国也必然会回应这种威胁,这样战争变得不可避免。"一带一路"倡议提出来以后,我们试图通过共商、共建、共享的方式,通过互利共赢这样的理念,来破除这样的历史定律。希望通过共商、共建、共享理念,逐步践行,避免新崛起大国与老牌大国之间把战争作为解决问题的唯一手段。

中国提供的方案,就是不分大小、贫富,本着公开、透明、开放、传递正能量,实现多元、自主、平衡和可持续发展的原则,不断扩大文明对话和互学互鉴。这是合作的机会、合作的平台,正像习近平总书记多次讲到的,"一带一路"建设表明中国梦和世界梦是相通的。

第二,在从方案到实践中体现中国智慧。方案、原则、理念,最后都要实践。现在,已经有100多个国家签署表达了意愿,39个国家已经签了46份合作协议进行战略对接。2016年联合国193个会员国协商一致通过决定,欢迎共建"一带一路"经济合作倡议,呼吁国际社会为这个建设提供安全保障的环境。2017年3月17日,"一带一路"高峰合作论坛之前,安理会一致通过了2344号决议,呼吁国际社会通过"一带一路"加强区域经济合作。"一带一路"正式地从一个国家的倡议,慢慢进入联合国视野之中,成为全球的一种更大层面上的共识,联合国也把它作为2030年全球发展议程当中的重大内容。"一带一路"倡议,在全球范围具有重要影响和意义。下图是我们研究成果中的一张示意图:

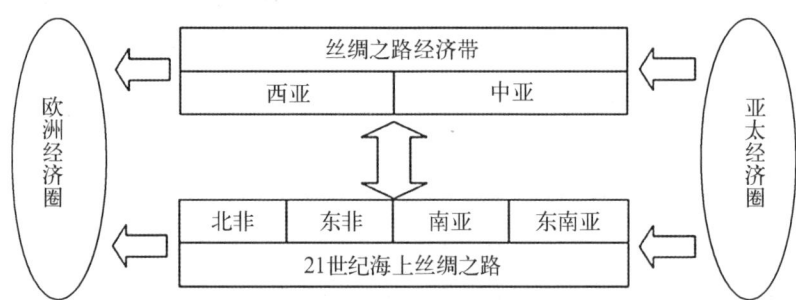

这实际上就是一个联动发展的图。从中国出发,东连接亚太经济区,西连接欧洲经济区,陆上通过丝绸之路经济带从中亚到西亚,海上从东南亚、南亚、东非、北非一直到中东欧到西欧。整个就可以把全球范围之内现在最有影响力的,辐射范围最广的,全球经济和贸易投资最有活力的亚洲、太平洋地区和欧洲地区,通过"一带一路"的规划连接起来,汇聚起来,并不断地延伸。

第三,从官方到民间中体现中国智慧。在中国,国家主席习近平、国务院总理李克强出访的所有足迹,所到之处一定会谈"一带一路"的内容。中国的主席、总理是"一带一路"积极的推动者、建设者、践行者，他们是最大的推销员。习近平主席多次出访，亲力亲为，以元首外交引领中国同各方寻求"最大公约数"，我们现在朋友圈越来越大。国际高峰论坛的规模和它的全球影响力进一步证明了我们的成就。从官方到民间，双边、多边的政治沟通、政策对话，要解决一个问题：光你好我好不算好，大家好才是真正的好。

国家与国家的合作必须具体落实。首先要看国家与区域的发展战略是否从理念到实践能够结合起来，我们一定要考虑到国家与国家之间战略对接的问题。"一带一路"倡议与哈萨克斯坦"光明之路"、沙特阿拉伯"西部规划"、蒙古国"草原之路"、欧盟"欧洲投资计划"、东盟互联互通总体规划 2025、波兰"负责任的发展战略"、印度尼西亚"全球海洋支点"构想、土耳其"中间走廊"倡议、塞尔维亚"再工业化"战略、亚太经合组织互联互通蓝图、亚欧互联互通合作、联合国 2030 年可持续发展议程等高度契合，中国愿意与有关国家和国际组织共同推动实施。这实际上就是考虑到了各个国家的具体情况，考虑到互利共赢的问题，每一个国家都有自己发展规划，要跟他们的战略规划对接起来。

双边对话是政策沟通的主要渠道。中国政府部门将建设若干国别合作促进中心，推动已签署的共建"一带一路"合作协议加快落实。中国重视维护和促进多边机制作用，通过上合组织峰会、亚信峰会、中非合作论坛、中国-太平洋岛国经济发展合作论坛、泛北部湾经济合作论坛、中国共产党与世界对话会等多边平台，开展合作对话。举办中国-东盟博览会、中国-亚欧博览会、中国-阿拉伯国家博览会、中国-南亚博览会及中国-中东欧国家投资贸易博览会等大型展会，发挥经贸合作的桥梁纽带作用。中国与"一带一路"沿线国家通过政党、议会、地方、民间等交往渠道，开展形式多样的交流合作，增进各国人民的相互理解，广泛凝聚共建"一带一路"的各方共识。加强智库交流合作，建立"一带一路"智库合作联盟等合作机制。中国政府在北京大学设立"南南合作与发展学院"，中国国务院发展研究中心与有关国际智库发起成立了"丝路国际智库网络"（SILKS），打造国际智库合作平台与协作网络。促进媒体交流合作，举办媒体论坛、人员互访等活动，开展联合采访、合作拍片、研修培训等合作。推动妇女、青年、创业就业等领域交流，分享促进社会公平、进步的理念和经验。这些覆盖广泛的对话交流活动，与政府间合作相互促进，为共建"一带一路"不断营造民意基础。

习近平总书记在各种场合，大到国事访问，小到具体谈话，多次表述与"一带一路"有关的、跟中国智慧有关的内容。自1840年鸦片战争以来,中国艰难地探寻适合自己本国的发展道路,历经沧桑,我们终于找到了正确的道路。在人类历史上,这个钥匙第一次掌握在中国人自己手里,这就是一条不断进步发展的道路,发展是解决一切问题的总钥匙。

四、"一带一路"倡议展示中国担当

(一) 中国首创,世界共享

"一带一路"源自中国,属于世界。是中国提出的,不是封闭的,而是开放包容的。不是中国独奏曲,而是世界大合唱。对于世界治理,我们不是要另起炉灶,推倒重来,而是要相互对接,优势互补。我们欢迎世界各国搭乘中国经济发展的"快车""便车",欢迎有优势、有特色、有竞争力的商品服务进入中国14亿人口的大市场。

(二) 推动全球经济增长

中国担当方面,除了全球共享以外,很重要的一条推动了全球经济增长。中国已经成为世界经济增长的主要引擎,平均三成的世界经济增长来自中国经济的拉动,超过第二位美国一倍。"一带一路"成为推动国际社会实现联合国2030年可持续发展目标的重要合作倡议。未来十年,"一带一路"将新增2.5万亿美元的贸易量,这给经济全球化打了一剂强心针。特别是在当前世界经济持续低迷、贸易保护主义盛行、逆全球化思潮抬头的情况下,"一带一路"不仅表明中国有信心,也有能力通过自身发展的溢出效应支持沿线国家推进工业化、现代化,从而保持和推动自由贸易和经济全球化。自2013年以来,我们跟绝大多数的沿线国家贸易、投资显著增长,增长的速度要远高于全球经济增长的速度,远高于中国对外贸易的总的增长速度。这就是对全球经济增长的贡献,所以中国现在是全球发展最大的引擎,中国通过自身发展的溢出效应来支持沿线国家,贡献巨大。

(三) 完善全球经济治理

中国现在是世界第二大经济体,"一带一路"倡议是为了维护开放型世界经济体体系的一个发展理念,彰显了作为一个最大的发展中国家完善全球治理体系的责任担当。但是中国现在还是一个发展中国家,我们现在人均GDP还只有中上水平，还没有跳出中等收入陷阱。我们反复强调，"一带一路"是一个国际经济合作计划，是有风险的，希望互利共赢。我们不能做冤大头，中国不干这样的事情。我们要承担与我们的国力相匹配的国际责任，提供与我们的能力相适应的全球公共产品。我们要避免陷入陷阱，这也是从学术界到具体的实践当中必须要十分注意的一个原则。

习近平总书记在十九大报告中提到"大道之行，天下为公"，再一次提出构建人类命运共同体。如果以这样的方式能够共同推动沿线国家，进而带动全球的经济和贸易投资的增长，实现经济和区域的发展，为人民谋福祉，那我觉得当然就体现了中国在构建全球命运共同体当中的责任担当。原上海市委书记，现中共中央政治局常委韩正同志在中共上海市委常委学习会上说道：丝路精神，是人类文明的宝贵遗产，是中国为全球治理贡献的智慧，是"一带一路"建设的根本理念；共建倡议，是我国全面参与全球治理的政治主张，是"一带一路"建设的关键路径；合作承诺，是我国为打造人类命运共同体贡献的中国力量，展现了一个负责任的大国形象，是"一带一路"建设的重要领域；战略构想，是推动全球共享共建的关键一招，必将掀开新型全球化的崭新篇章，是"一带一路"建设的核心目标。韩正同志的这段话对整个丝路精神、共建倡议、合作承诺、战略构想等做了精辟的解读。

习近平主席在2017年国际合作高峰论坛雁栖湖峰会上讲过一句话："让我们以雁栖湖为起点，张开双翼，一起飞向辽阔的蓝天，飞向和平、发展、合作、共赢的远方。"习总书记给"一带一路"描绘了非常灿烂的前景，我们相信在十九大精神的感召之下，中国梦一定能够实现，"一带一路"一定会在整个历史的长河中，向我们展开更加绚丽的画卷。

第四章　工匠精神助力中国梦[①]

导语

　　习近平总书记在党的十九大报告中提出:"要建设知识型、技能型、创新型劳动者大军,弘扬劳模精神和工匠精神,营造劳动光荣的社会风尚和精益求精的敬业风气。"这一部署凝聚了全社会崇尚劳模精神、追求工匠精神的广泛共识。工匠精神的本质特征在于对本职工作的执着、专注与精益求精的态度和付出。弘扬工匠精神,是新时代的使命呼唤。当前我国正以新的发展理念和新的发展方式推动形成先进生产力,以"质"的提升带动"量"的提高,其中的关键在于创新。各行各业的劳动者和大国工匠,是新时代建设社会主义现代化强国的主力军,弘扬工匠精神可以助力中国梦的实现。

一、为什么要提倡工匠精神

　　2016年4月26日,习近平总书记主持召开知识分子、劳动模范、青年代表座谈会并发表重要讲话,向全社会发出大力弘扬劳模精神和劳动精神,崇尚劳动、诚实劳动,万众一心为实现"两个一百年"奋斗目标、实现中华民族伟大复兴的中国梦而努力的号召。无论从事什么工作都应该弘扬"工匠精神",立足岗位,精益求精,尽最大努力提高自己的技术技能,做最好的自己。习近平总书记在十九大报告中提到:建设现代化经济体系,必须把发展经济的着力点放在实体经济上,把提高供给体系质量作为主攻方向,显著增强我国经济质量。激发和保护企业家精神,鼓励更多社会主体投身创新创业。建设知识型、技能型、创新型劳动大军,弘

[①] 主讲者简介:黄清云,上海人,中共党员,教授。曾任上海第二工业大学副校长、上海电视大学校长、上海建桥学院创校校长,现任上海建桥学院副董事长。曾荣获"上海市十佳优秀成人教育工作者""上海市职业教育杰出校长""上海市科教系统优秀共产党员""全国职业教育先进个人""上海市劳动模范"等荣誉称号;曾担任教育部现代远程教育规划专家组成员,中国民办教育研究院副院长、上海市民办高等教育协会副会长、上海市高教学会副会长、上海市职教协会高专委副主任,上海市第十届、第十一届人大代表。

第四章 工匠精神助力中国梦

扬劳模精神和工匠精神,营造劳动光荣的社会风尚和精益求精的敬业风气。

什么是工匠精神?先向大家介绍一位中国人民解放军交响音乐团的总指挥。大家可能觉得奇怪,讲工匠精神为什么要介绍交响乐总指挥?这位解放军交响乐队总指挥对指挥演奏国歌非常有经验。国歌共有84个字,37个小节,演奏国歌需46秒。在升旗仪式中,奏国歌的同时是升国旗。但他发现,往往国歌演奏结束,国旗还没有升到顶,而升旗仪式的要求是音乐结束时国旗正好升到旗杆顶端,那是什么原因导致零点几秒的误差呢?总指挥就去认真研究,最后发现是发出指令到按下按钮这一环节有延迟。通过反复试验和实践,这个误差终于克服了。还有一件事也令我非常感动,天安门阅兵典礼时有音乐伴奏。训练中,参阅部队官兵向他反映乐队的问题:"我们远离天安门主席台时,感觉乐队的节奏比较慢,越接近主席台,音乐节奏越快,然后过了主席台音乐节奏又慢下来了。"总指挥经研究发现,因为声音传播速度是每秒约340米,部队在行进时声音传播有一个延迟,所以距离主席台远的地方速度就比较慢,等到了主席台,因为越来越近,传播速度就快了。这位总指挥通过严密计算和采取相应措施,圆满地解决了这个问题。了解这些细节后,我深深地体会到:每一个行业中都蕴含一种精神,这就是精益求精的工匠精神。

习近平总书记在2016年4月6日提出："无论从事什么工作都应该弘扬工匠精神，要立足岗位，精益求精。"2016年3月5日，国务院总理李克强在政府工作报告中提到，要"鼓励企业开展个性化定制、柔性化生产，培育精益求精的工匠精神，增品种、提品质、创品牌"。"工匠精神"被写入政府工作报告，很快引发社会热议。提倡弘扬工匠精神，是中央在统筹全局的情况下，分析当前中国特色社会主义建设发展新阶段的实际情况后，针对现实问题提出的要求，这是中央提倡并弘扬工匠精神的时代背景。弘扬工匠精神关乎中华民族全面崛起和伟大复兴。

工匠精神首先是工匠，然后是精神。什么是"工匠"？2017年世界技能大赛中有两位中国的中专学生获得金奖，大家可能认为那些技能特别好的人就是工匠。"匠"字本意是木工，"匠"字的外面是"匚"，是一个箩筐，里面是个"斤"代表斧头。所以很多认为工匠就是技能型人才，就是手工艺人。历史上确实有一些伟大的工匠，如鲁班、杜康、扁鹊、仓颉等人。他们是手工艺者，但实际上也是各自领域中的代表性人物，他们在建筑、制酒、中医、造字等方面推动了社会的发展。我认为这些用高超技术和工艺推动了社会发展的杰出人物就是古代工匠。现代工匠是什么？现代工匠实际上就是"互联网＋"智能制造业，就是现在德国工业4.0、美国工业互联网、中国智能制造2025。德国认为蒸汽机是工业1.0，电气化工业是2.0，生产工艺自动化是3.0，接下来通过充分利用信息通信技术和信息物理技术构成工业4.0。制造业和实体经济是关系一个国家发展前途的重要基础，在西方经济普遍不景气的情况下，德国发展得还不错，重要原因就是靠德国实体经济和制造业不断发展和创新。美国经济已经空心化，一个重要原因是过去很长一段时间美国制造业转移到其他国家，实体经济空虚。现在美国认识到问题的严重性，抓紧发展新型制造业，利用互联网在数据分析的基础上带动发展工业。中国正在推动智能制造2025计划，上海建桥学院被纳入教育部智能制造2025人才培养计划。智能制造2025是希望到2025年中国能够实现智能化制造，人工智能变得更好。智能制造有九大任务和十大重点突破的项目。商用大飞机、航母、"蛟龙号"深水潜艇的研发人员，我们都可以称为大国工匠。十九大报告提到，我国原来发展的模式是追求经济规模和数据，现在开始讲究质量和品牌。全球经济通过互联网发展到一定阶段，会产生许多虚拟经济，而虚拟经济过快膨胀会产生泡沫。要保持世界经济健康稳定发展，需要大量的实体经济，尤其是高端制造业来支撑。中国要始终重视制造业，防止制造业"空心化"。另外，发展高技术材料、高技术零部件、高技术装备、高技术人机界面与系统化技术，都需要大量具有工匠精神的高技能人才作为支撑。

党的十九大提出,进入中国特色社会主义新时代,我国社会主要矛盾已经转化为人民日益增长的美好生活需要和不平衡不充分的发展之间的矛盾。今后我们分析很多问题都要围绕主要矛盾进行思考。进入新时代,中国老百姓的生活水平越来越高,收入越来越高,中国人原来购买商品首先是希望价格便宜,质量差一点不要紧,现在已经处于追求品质的阶段,价格贵一些不要紧。所以我们现在提倡弘扬工匠精神,要把产品的品质和特色放在首位。人民对美好生活有着强烈的需求,这也是国家提倡弘扬工匠精神的重要因素。

联系到上海建桥学院,也是这样一种状况。2000年学校在校生只有1 800名,然后逐年增加,2017年在校生16 800多名。随着学生数量的剧增,我们更加重视教学质量和人才培养的质量。我们不能只看学校毕业生的数量,而是要注重培养有知识、有能力、有文化,德智体美劳全面发展的合格人才。十九大报告提出,2021年要实现全面建成小康社会。小康社会需要很多中产阶层,我国中产阶层的数量越来越多,中产阶层的消费额度和品位都在不断提高。数据显示,2020年中国中产阶层超过4.7亿。如果努力的话,将来进入中产阶层行列,到时会更加追求精品、高质量的生活。李克强总理在政府工作报告中强调要"鼓励企业个性化的定制,柔性化的生产,培养精益求精的工匠精神,增品种、提品质、创品牌"。有一个非常好的案例,青岛有一家红领西服工厂,这家工厂提供西服定制服务。厂家按照客户的身体状况和特点进行定制,比如说年纪大的人,他可能有一点肚子,这样就不能前片和后片一样,而是前片要长一点。年轻人希望西服更合身,中老年人希望宽松一点。有的企业反应比较快,觉得这是客户需求。现在老百姓都希望自己穿的衣服颜色和式样有一点个性,不要跟大家一样。厂里同样批次的产品批量生产出来,款式和风格都一模一样,但定制服务就可以根据消费者的爱好去选择自己需要的产品。中国社会经济和文化发展进入新阶段,这是中央提倡弘扬工匠精神的重要背景。

二、工匠精神的基本内涵

工匠精神到底是什么?我想根据自己的学习经历和大家分享一下。工匠精神其实并不复杂,但也很难,它有一个形成过程。第一,要勇于担当、敢于挑战,至少要有奋斗目标。各位同学现在在大学学习,毕业后都会走上工作岗位,要有责任担当,敢于为实现自己的人生理想和目标而努力奋斗。第二,要专注、严谨、求实。上海建桥学院图书馆一楼有一个通宵教室,有的同学从早到晚都在里面看书学习。同样读大学,有的同学四年后完全变了一个样,这和他是否具有执着、专注、严谨、求实的精神和学习态度有重要关系。同样,在工作岗位上,也需要这种精神和品德。有一位中专毕业的年轻人在虹桥机场做安检工作,安检工作一天下来是很累的。只要探测设备有声音出来,她就要上上下下搜个遍,不停地站起来,又蹲下去,要查看旅客裤腿和鞋子里面是不是有问题。虽然只是一名普通的安检人员,但她对工作中的细节非常关注。比如说,旅客拿出登机牌交给安检人员敲章,旅客拿回登机牌的时候,手上往往粘上油墨,于是她每次敲章后都将登机牌折起来交给旅客,保证旅客的手不会沾上油墨。这位普通的安检人员就是全国劳动模范、上海最年轻的十九大代表吴娜[①]。吴娜工作中执着、专注、严谨、求实,在平凡的岗位上不断追求精益求精,这就是工匠精神。

[①] 吴娜,上海人,曾荣获全国劳动模范、全国五一劳动奖章等荣誉,十九大代表,虹桥机场安检员。在工作实践中,吴娜摸索出一套"三主动"工作法:遇到年长、体弱的旅客,主动帮着提行李;对检查完毕的旅客,主动提醒或搀扶,以免旅客摔倒;主动"多说一句",及时告知旅客登机口方向,减少他们在安检区滞留的时间。吴娜发现,旅客有时急需创可贴等小件物品,上岗时,她会先准备一个"小锦囊",里面装有针线包、创可贴等用品,时常能解决旅客的"燃眉之急"。

工匠精神要传承,还要推陈出新,创造发明。工匠精神要精雕细琢,追求卓越,产品质量和服务水平要走在世界前列。工匠精神就是安安心心地工作,然后执着专注地去做,不断钻研和创造发明,最后生产出卓越产品。美国当代著名社会学家理查德·桑内特有本书叫《匠人》,这本书专门讲匠人和匠人精神,认为匠人的领域远远大于熟练手工劳动的范围,当今世界任何领域的工作都需要匠人精神,同学们可在此书中获得某些启迪。

发扬工匠精神关键在于弘扬匠心,这是一种思想理念和追求。《辞海》上说匠心就是工巧的心思,所谓"精华在笔端,咫尺匠心难"。我国现在有很多大国工匠,比如说高水平的焊接技师,他们努力琢磨如何焊接得更加完美,为此每一个细节都不放过,具有高度责任感和事业心,这就是匠心。我觉得弘扬匠心绝不只是工作认真,产品做工细致那么简单,匠心就是对待每一份工作都当作事业去做,精益求精。每个岗位上都需要有匠心的人。大家到德国都会买一些德国制造的产品,因为德国产品设计、制造得确实好。比如德国有专门切面包的工具,用工具切出来的面包每一片都一样。德国剪菜的剪刀也是专门设计的。总之,德国产品总是精益求精,让人能方便、快捷地把事情做好。欧洲现在总体上经济不佳,但德国工业发展得非常好,我认为和德国传承严谨、踏实的工匠精神密不可分。

三、工匠精神的养成与传承

我给大家介绍几位大国工匠和工匠精神的杰出代表。包起帆是全国劳动模范,在上海乃至全国非常有名。我原来在上海第二工业大学当主管教学的副校长,1961年上海师范大学毕业后在上海第二工业大学当教师31年,直到1992年才离开二工大。包起帆初中毕业后参加工作,1978年左右考进上海第二工业大学专科,后又在2005年去武汉理工大学物流管理专业学习,他热爱学习,不断进步。曾任上海港务集团股份有限公司副总裁,全国劳动模范,十四、十五、十六、十七届全国人大代表;21次获得日内瓦、巴黎、布鲁塞尔、北京等国际发明奖;3次获得国家发明奖,3次获得国家科技进步奖;17次获得省部级科技进步奖,共获专利51项。包起帆之所以能够获得如此大的成绩和荣誉,因为他掌握了抓斗设计的关键技术,业内称他为"抓斗大王"。上海第二工业大学校内有一个劳模展览馆,展馆里就有包起帆设计的抓斗,他的突出贡献得到世界公认。2006年5月,在第95届巴黎国际发明博览会上,包起帆获得四项金奖。现场宣布发明奖获得者是中国的包起帆,他站起来,奏乐;过了一会,又是包起帆,过了一会,还是包起帆,连续四次,这在巴黎国际发明博览会100多年的历史上绝无仅有。包起帆曾经跟我交流过,谈他为什么能够取得如此优异成绩,主要有以下几个原因:

第一,有动力。包起帆做抓斗机械研究和设计与他的人生经历有关,他一开始是码头工人,码头上经常要搬运很多大件货物。那时机械设备比较少,搬货主要靠人力。包起帆看到工人经常要装卸大型木料或者生铁,在搬运的过程中常有物品滑落砸伤人的情况,甚至有工人直接被重物砸死。包起帆一直有一个梦想,一定要解决码头上伤人死人的现象,这是他努力探索抓斗设计的动力,也是他搞发明创造的原始动力,没有动力不可能做好任何事情。大家上大学读书也是这个道理,一定要弄明白自己为什么要上大学和怎样上大学。解决问题要靠知识,1978年恢复高考以后,包起帆来到上海第二工业大学学习,一点一滴地系统学习机械基本原理,为后来的发明创造奠定了理论基础。包起帆有实践经验,他在思考码头搬运工作能不能用机械来代替。货物本来是靠人用手抓,他设计用机械来抓,这就是抓斗。

第二,要坚持。做任何开拓性的事情不可能一次就成功,要经历很多次失败。我们评论一个人的时候,不能只是谈到他的成功,其实包起帆成功的背后有很多次失败,失败有时候比成功更重要。包起帆的故事告诉我们做事情贵在坚持,这对我们都很有借鉴意义。大家现在是大学生,你可以问自己一个问题:"我的时间哪里去了?"大家可能花了十多年时间去读书和学习,然后参加高考,但很多同学高考第一志愿未必是上海建桥学院。从某种程度上讲,大家好像是高考的失败者。我告诉大家,如果你能很好地总结过去,找到自己"失败"的原因,那么在上海建桥学院的四年,我相信你会获得成功。如果你不好好地总结,依然我行我素,以前怎么样现在还是什么样,将来你毕业的时候仍然会面临失败。大家应该对自己的过去好好梳理和总结,以前哪些方面做得比较好,哪些地方没有做好,一定要找到问题的症结。大学本科四年的时间不短,完全可以改变一个人的人生。上海建桥学院已经毕业的学生有近五万人,很多学生进校的时候成绩不是很理想,但通过大学期间的努力和坚持,他们最终获得了成功,实现了自己的梦想。这方面的例子太多,我希望大家不要害怕失败,坚持就是胜利,贵在持之以恒。包起帆的成功不是偶然的,而是贵在坚持,他觉得要成为大国工匠,很重要的精神就是要坚持。上海建桥学院董事长周星增先生有一个观点:做事如果能坚持下去的话,最后你会形成自己的一个品牌。例如上海建桥学院击剑队的成长经历就是如此,最近我看报道,我校击剑队参加上海市大学生击剑比赛,又拿了好几个银奖和铜奖。我校击剑社团和击剑队已经走过10多年的历程,学校请的教练是上海市击剑总教练,起点很高,击剑水平也越来越高,但坚持是成功的最终密码。我校管弦乐队和民乐队成立时间还不长,但已有一定的名声。我校的合唱团已经和著名演员一起上台演出。我相信随着时间的推移,只要我们能够坚持下去,我校的这些体育和艺术团体一定能获得更大成功。

第三,团队。包起帆自己总结一个人不可能取得如此辉煌的成绩,个人必须依靠团队。我认为他的这种体会非常正确。包起帆获得世界和国家发明奖多项,每项奖项都有奖金,但每次奖金他自己都不拿,而是全部分给团队成员和码头上受工伤的工人。在他的团队里,每个人都有自己的长处,大家团结一心形成合力。改革开放初期,我碰到一个在美国留学的中国科技大学的大学生,当时他准备搞创业。美国有风险基金,如果你有创业项目计划,你可以申请风险基金去投资。基金会根据创业项目的内容和可行性,提供几百万甚至上千万美元去投资入股。面对众多的竞争者,最后这位中国留学生申报成功了。拿到风险基金后,他回到中国开展中小学培训教育,取得了巨大成功。这位中国留学生为什么能够拿到美国的风险投资? 实际上他有一个合作团队,团队成员有懂教育的,有懂营销的,有懂法律的,风险投资基金管理方认为他们的商业计划比较可行,团队组成人员比较合理,就投资了。这家培训机构叫学大教育[①],现在已经在美国上市。包起帆这个团队也是如此,团队需要各种各样人才,有的人设计思想比较好,有的人工艺能力比较强,有的人可以做宣传报道工作,有的人搞机械设计,有的人搞电路通信,大家取长补短,形成合力,就能取得事半功倍的效果。

第四,知识。现在进入大学是最好的学习机会。包起帆为了学习知识进入上海第二工业大学。如果没有知识,他的发明创造很难有现在这样的成就。设计抓斗如果没有机械原理知识,知道怎么传动? 怎么离合? 这些知识都不知道,怎么去发明和创造? 包起帆的体会,我听了很有感触。

请大家注意包起帆的四条经验,三条是非智力因素,要有动力、要能坚持、要跟别人合作,总之,要学会怎样做人。立德树人是大学的重要使命,希望同学们将来真正成为品质高尚的人,能够学会为人处世。包起帆四个经验里面,只有一条

[①] 学大教育集团(NYSE:XUE)创立于2001年9月,专注于利用优质的教育资源和先进的信息技术,服务于中国教育服务领域,是目前国内个性化教育的领导者,总部设在北京,已在77个城市开设了408所个性化学习中心,2019年上半年营业收入超过16亿元人民币。

是智力因素,知识还是重要的。另外还要有灵感,当然因为包起帆有实践经验,所以才围绕抓斗动脑筋,大学生没有实践自然想不出设计抓斗。怎么样成为大国工匠? 包起帆的案例给我们很好启示,工匠和工匠精神要在实践当中不断地培养。

上海还有一位全国劳模和优秀共产党员叫李斌[①]。李斌先在上海电视大学读专科,然后到上海第二工业大学读本科。我和李斌比较熟悉,也有过谈话和交流。李斌是十九大代表,电视里经常看到他的形象。李斌当时是上海电气液压气动有限公司的一名工段长,他每天上班忙得不得了。如果有人要找他做报告,首先要经过他厂里面的同意,因为他是总工艺师和数控工段长,工作中离不开他。他荣获四次全国劳动模范称号和五次上海市劳动模范称号,另外还获得国家科技进步奖二等奖和上海市各类奖项多次。1980 年,李斌 20 岁技校毕业,当时没有读大学的机会,之后进厂当学徒,一直没有离开生产一线。他编的数控编程有 1 600 多个,工艺改进 230 项,创造直接经济效益 1 000 多万元。他在 20 世纪 80 年代曾经到德国、瑞士学习。当时德国人和瑞士人看不起中国工人,认为中国工人加工的合格零件还不如他们的废品。李斌听到这个评价,非常气愤,也很伤心,发誓要为中国工人争一口气。因此李斌学习非常有目标和动力,他白天操作机床,一有空就学数控机床调试技术和编程。有一次节日放假期间,厂里出现机器故障,外方技术人员不在岗位,机器事故无法处理,生产不得不停止。李斌当时也在场,他说让他去试一试,结果他凭借学到的知识将问题解决了。李斌成为瑞士公司第一个中国工人数控调试师,他只有技校毕业文凭,但最后达到了瑞士工程师一样的水平,靠的是自己的努力和进取。李斌很朴素,他认为工匠精神就两句话,第一句是"定定心心地在岗位上成长",第二句是"保质保量"。没有豪言壮语,实际就是这样,能安安心心在岗位上保质保量去完成本职工作,这就是工匠精神。

怎样来培育工匠和工匠精神呢? 现在普遍认为有一个模式:现代学徒制+跨学科复合型人才的培养。上海建桥学院是一所应用技能型大学,应用技能大学就是除了学习必要的专业理论外,更注重理论的应用,希望各位同学在大学期间要注意学习理论,更要培养自己的动手能力,争取各种实践机会。习近平总书记对大学生提出三点要求:第一个是有责任心,第二个是有动手能力,第三个是有

[①] 李斌,上海人,中共党员,曾任上海市总工会兼职副主席、上海电气液压气动有限公司液压泵厂数控工段长,2019 年 2 月 21 日,因病在上海去世,享年 59 岁。李斌连续五次被评为上海市劳模,连续四次被评为全国劳模,先后荣获全国十大杰出工人、全国道德模范、中华技能大奖、全国知识型职工标兵、全国十大高技能人才楷模、全国首席金牌工人,国家科技进步二等奖、上海工匠等荣誉称号。

创新能力。这三点都是中国目前所需要的,我觉得我们学校应该坚持向应用技能型大学方向迈进。

  世界上工匠和工匠精神做得比较好的国家有瑞士、德国和日本等。瑞士和德国都是制造业强国,工匠精神历史悠久,影响广泛。我们学校图书馆有十几种关于工匠精神的书,很多关于日本、德国、瑞士制造业,专门论述工匠精神以及怎样培育工匠精神。各位同学要按照总书记提出的要求去做:首先要学会做人,然后德才兼备、全面发展。从匠心的培育经验来看,要培养一流人才,需要从最基本层面上对人进行塑造。各位同学生逢其时,中国现在发展得非常好,我们要思考如何让自己成为一个人才。哈佛大学哈佛学院前院长哈瑞·刘易斯写了一本书叫《失去灵魂的卓越》[①],哈佛大学是培养卓越人才的,但是哈瑞·刘易斯觉得哈佛大学的卓越失去了灵魂,就是只重视知识,只追求现在时髦的各种的活动,忘了把年轻人培养成为具有社会责任感的人。现在的年轻人都很聪明,信息技术和知识方面比较擅长。现在的老年人,在手机、互联网信息应用方面绝对比不上年轻人,但年轻人有时在其他方面也有不足。例如,我校图书馆有100多万本书,但2017年借书量是每个学生平均借书3到4本,而清华大学一年生均借书68本。有同学可能会说,现在看书不一定要去图书馆借书,手机和互联网上什么都可以查到。确实如此,那你现在查了什么?网络检索确实很快,即时的东西很快能找到,但是你要去思考一些问题,要静下心好好地去研究,而不是一看而过。哈佛大学的这位院长觉得现在大学有一个危机,哈佛现在只是传授知识,没有向学生传授智慧。如果学生只掌握某一项专门技能,只能作为谋生的手段,他将来的生活是缺乏情趣的,如果学生接受了广博的教育,他们的将来的生活才会更加丰富多彩。我认为这本书中有非常精彩的想法和思想,值得我们去学习。我校马克思主义学院的沈树永老师有一个课题,调查了700多名建桥学院的同学,其中有一题是调查学生喜不喜欢自己的专业。选择不喜欢的占30%,喜欢的占70%。如果大家确实喜欢,那就容易学好,如果不喜欢,大二时还可以改专业。对专业你要了解,只有真正了解,才谈得上喜欢。谈到专业学习,我认为第一是先学会做人;第二是学习基础理论知识;第三是要有学习的兴趣和动力。调查中还有一个问题,是调查学

[①] 作者哈瑞·刘易斯任教哈佛30余年,担任哈佛学院院长8年。在《失去灵魂的卓越》一书中,他描述了哈佛大学是如何为卓越而放弃教育使命的。刘易斯教授从通识课程、学生咨询、分数贬值、校园犯罪、大学体育、大学领导风格等角度,对哈佛大学,特别是负责本科教育的哈佛学院一味追求卓越、放弃教育之本的倾向提出了深刻反思。他认为哈佛重市场名利、轻本科、轻学生道德人格培养,忘记本科教育根本目的是把学生培养成具有社会责任感的成人。

生对大学四年有没有一个总体规划。调查结果显示,有规划的只有30%不到,没有规划的是20%不到,不清晰的有50%。大家现在的年龄是18岁左右,这个年龄是最富有理想、最富有追求的。第十九届中国上海国际艺术节开幕式上演出的大型交响合唱《启航》的作曲者龚天鹏①才25岁,这证明年轻人是可以大有作为的。大家一定要在大学期间做好人生规划,大学四年很快就会过去,如果稀里糊涂地度过就太可惜了。我今年已经80岁了,我感觉时间如梭,飞逝而去。我现在脑子很清楚,回忆60年前刚进大学时的情况,往事仍历历在目。

我出生在抗日战争年代,也经历过国民党统治。新中国成立后,我又经历了社会主义探索阶段和改革开放阶段,特别是改革开放到现在,我是看着她一步一步艰难地走过来。现在的年轻人正处于中国最好的时期,例如中国的高铁发展超过了世界上所有国家,其他方面成就也很突出。我经常乘坐"复兴"号高铁去北京,只要4个半小时就到了。1964年、1965年我到北京需要两天一夜,当时火车到南京还要摆渡过长江。国际上有一种说法"中国浪潮"要来了。韩国总统文在寅在社交媒体发文,建议韩国国民看一本叫《明见万里》②的书。"明见万里"一词出自《后汉书·窦融传》,比喻对外界或远方的情况,知道得很清楚。虽然韩国很多文化和汉字相关,但现在有去汉字化的倾向,凡是有汉字的全部去掉用韩文替代,但这本书仍以中文命名"明见万里"。文在寅总统认为韩国年轻人应该赶快了解中国现状,所以才会荐书给韩国民众。

十九大报告提到中国社会发展要分"三步走"。2020年全国要建成小康社会,也就是各位到了20岁的时候,我们国家就是小康社会了。2035年,大家35岁也是刚刚成家立业时,中国基本实现社会主义现代化。2050年,大家到了50岁,我国已经成为"富强、民主、文明、和谐、美丽"的社会主义现代化强国。"富强、民主、文明、和谐、美丽"这五个词十个字,实际上是经济、政治、文化、社会和生态文明的"五位一体"。到21世纪中叶,中国会成为社会主义现代化强国和中等发

---

① 龚天鹏,江苏南京人,青年作曲家、钢琴家,毕业于美国茱莉亚学院,现任上海爱乐乐团青年作曲家。美国《华盛顿邮报》称他是"一个有着超凡信心、充满温暖与真诚、能够呼风唤雨的年轻艺术家"。主旋律《启航》是龚天鹏的代表作之一,这部时长65分钟的作品以《序曲》开头,共分为五个乐章,《青春咏叹》歌词选自先烈李大钊遗作,《劳工歌谣》《曙色初度》《走向未来》的歌词由中国文艺评论家协会副主席、作家毛时安创作。《启航》充满激情与历史感,充分表达中国崛起的精神,热烈抒情。作为宏大民族历史题材曲目,《启航》浓淡有致,回溯历史展望未来。

② 《明见万里》是基于韩国KBS电视台2015年播出的同名电视节目内容,加入部分节目未公开的调查数据以及制片人感想等内容后结集出版的书籍。节目介绍有关中国最新发展状况的内容,收视率达到惊人的7.9,显示出韩国民众对中国的热切关注。《明见万里》出版后再次引起韩国民族热切关注,书籍共分三册,主题分别为"未来对人类最重要的东西""未来的机遇我们必须有所准备""目前为止我们无法经历的新社会",内容涉及韩国民众普遍关心的热门话题,包括经济、人口、教育、医疗、技术等方面。

达国家。各位同学要按照总书记提出的方向去努力。我觉得匠心、工匠精神是一个人的基本品质的表现,大家都要有匠心和工匠精神。弘扬工匠精神,让追求卓越、崇尚质量成为全社会、全民族的价值导向和时代精神,弘扬和发展工匠精神有助于推动中华民族的伟大复兴,最终实现中国梦。

另外,年轻人还应牢记并弘扬社会主义核心价值观。社会主义核心价值观对个人来讲,第一是要爱国,一定要有国家情怀,要为国家做出自己的贡献,贡献应该大于索取。第二是敬业,工匠精神和敬业有非常大的关系。第三是诚信,大学生不能作弊,要养成诚信的习惯。第四是友善,大家要和周围同学形成团队去做好自己的事情。社会主义核心价值观对每一个人来讲很简单,希望大家记住,无论现在还是未来的岗位上,我们都应该做到爱国、敬业、诚信、友善。社会主义核心价值观也和上海建桥学院八字校训"感恩、回报、爱心、责任"完全一致。

希望各位同学通过今天我们之间的交流,知道什么是工匠和工匠精神,知道怎样养成自己的匠心。也希望大家能够结合思考一下十九大对年轻人的期待,我们应该如何践行社会主义核心价值观。今天花了一点时间和大家交流工匠精神的相关话题,肯定有很多内容讲得也不一定全对,欢迎大家今后继续和我探讨交流。

资料拓展

1. 2016年3月5日,国务院总理李克强在政府工作报告中提到,要"鼓励企业开展个性化定制、柔性化生产,培育精益求精的工匠精神,增品种、提品质、创品牌"。"工匠精神"被写入政府工作报告,一时间引发社会热议。2016年3月29日,国务院总理李克强对第二届中国质量奖颁奖大会作重要批示:质量发展是强国之基、立业之本和转型之要。弘扬工匠精神,勇攀质量高峰,打造更多消费者满意的知名品牌,让追求卓越、崇尚质量成为全社会、全民族的价值导向和时代精神,弘扬和发展工匠精神有助于推动中华民族伟大复兴,最终实现中国梦。

2. 《中国制造2025》规划是2014年由工信部牵头,会同国家发改委、科技部、财政部、质检总局、工程院等20多个国务院有关部门,组织50多名院士、100多位专家精心编制,是中国从制造大国转向制造强国的顶层设计,提出了制造强国建设三个十年"三步走"的战略。这"三个十年"最终在新中国成立一百周年的时候,要实现中国成为制造强国。第一个十年,我们要进入世界强国之列;第二个十年,到2035年,要进入世界强国的中位;第三个十年,要进入世界强国的领先地位。核心是抢占具有国际产业竞争力的战略制高点,具体包括十大重点领域:新一代信息技术、高档数控机床和机器人、航空航天装备、海洋工程装备及高技术船舶、先进轨道交通装备、节能与新能源汽车、电力装备、农业装备、新材料、生物医药及高性能医疗器械。

3. 央视纪录片《大国工匠》从大勇不惧、大术无极、大巧破难、大艺法古、大工传世、大技贵精、大道无疆、大任担当等八个角度,全面系统地讲述了工匠技艺和精神的传承,阐述了弘扬工匠精神对于中国崛起的重要意义。

参考文献:

1. 习近平.决胜全面建成小康社会　夺取新时代中国特色社会主义伟大胜利——在中国共产党第十九次全国代表大会上的报告[R/OL].[2017-10-27].http://cpc.people.com.cn/19th/n1/2017/1027/c414395-29613458.html.
2. 黄震.工匠精神[M].北京:北京工业大学出版社,2017.

第五章　重,是负荷,也是担当[1]

导语

　　责任和担当是支撑一个人成为大写的人的核心要素。用目标、奋斗、坚持、乐观、包容、感恩来引领大学生,使大学生充分认识到一个成功者的成功之路包含诸多的内容。作为新时代的大学生,一定要将个人的理想与国家的前途和命运,与实现中华民族伟大复兴紧密结合在一起,把自己打造成为一个有社会责任感、有使命担当的优秀大学生。

一、责任与担当支撑大写的人

　　说起责任与担当,先从我写的一本名为《医学不能承受之重》的书讲起。现在,打开微信朋友圈,会看到很多关于医学的知识,或是一些养生的知识,或是一些对医学好或者不好的评论。有时还会充斥着各种关于远程医疗、机器人手术的报道。这两个大家知道是做什么用吗?远程医疗是20世纪60年代,美国为了给外太空宇航员看病而发明的。有了远程医疗以后,就可以进行远程的调控,手术则由机器来完成,也就是机器人手术。

　　高端医学确实发展得很快,可是,医生的处境却并没有越变越好。就像"我的右肾去哪里了"这个报道,当时激起了多少人对医生的愤怒和误解。很多人都觉得这些医生太草菅人命了,一个病人到了医院,最后肾却被医生莫名其妙割掉了。但事实上,肾并不是医生拿掉的,而是由于自然的创伤性萎缩而掉了的。另外还

---

[1] 主讲者简介:苏佳灿,教授,主任医师,博士生导师。第二军医大学长海医院创伤骨科副主任,党支部副书记,生物医学工程中心主任,兼任上海医师志愿者联盟理事长、韩国仁济大学客座教授、上海理工大学客座教授。曾获得中国青年五四奖章提名、首届全国向上向善好青年、上海市十大杰出青年、上海市青年五四奖章、上海市银蛇奖、上海市育才奖,荣立中国人民解放军二等功一次、三等功一次。在科研方面,苏教授以第一作者在核心期刊上发表论文100余篇、SCI论文50余篇、专利25项,主编主译专著13部,荣获教育部科技进步二等奖、上海市医学科技奖二等奖,担任军委科技主题专家、上海市中西医结合骨质疏松专委会主任委员、上海市骨伤科专委会副主任委员、全军骨科骨质疏松学组副主任委员、全军骨科基础与转化医学组副主任委员等职务。

有一则报道,说是一个孩子患巨结肠症,到了儿童医院,医生对患儿父母说,孩子需要手术,诊疗费要花一万块钱。家长不相信,又找了一家儿童医院,只花了八毛钱,症状就缓解了。有个好事的记者就把这件事发布到网上,说医生医德不好,八毛钱能治好的病,却要病人花一万块钱。可是,事实是这个小孩过了一个月还是去开刀了,最后还是花了一万多块钱才把病治好。但当时媒体造成的恶劣影响,已经没有人去管了。

现在是一个信息大爆炸的时代,这个信息今天看过了,一时愤怒发泄完了,第二天就不会再管。有一部分人对医院、对医生有着很多的不满。我曾经看到一个大学生发了一条朋友圈:"我真想拿一包炸药,把这个医院给炸了!"原因是什么?只是因为他在医院排队的时间略微长了一点。当时我就一直在想,从什么时候起,我们医院、我们医生的身上要承担这么多的社会压力。2015年的5月,我作为全国二十几位先进青年的代表,有幸在人民大会堂跟当时的国家副主席李源潮进行了一次座谈。座谈会上,李副主席知道我是个医生,便问我:"苏大夫,你觉得现在为什么中国投入了这么多钱,可是老百姓和医生之间的对立却越来越严重了?"我当时说了一句话,我说我们很多医生只是告诉老百姓,你应该如何去做,那么你的病就有可能好。可是从来没有哪个医学专家去告诉老百姓,有些病你如果得了,不管怎么样都好不了。座谈会结束后,我就跟卫生局的领导汇报说,要编这样一本书,一本告诉老百姓,哪些病能治好,哪些病不能治好,哪些病不用治疗的书。这本书从编写到完稿,一共花了两年时间。这本书正式出版后,也被列入了上海书展重点书目,我当时在中央大厅也进行了签售。通过这本书,我想告诉老百姓,到了医院要把心态放平和一点,我们要正视现代医学发展,理解现在的医生,等待一个更美丽的医学春天。但其实,作为作者,这本书真正想传达给大家的,是说我们每个人身上都有责任。

二、真正的人生历程就是担当

我的人生历程的每一个阶段都与"担当"密不可分:做一个献身国防的好军人,一个救死扶伤的好医生,一个专心科研的好学者,一个精英教学的好老师。

我1994年从福建考到第二军医大学。当年我在福建省的高考分数超过清华北大录取分数线五六十分,很多人觉得很奇怪,我为什么没有选择清华北大而选择了第二军医大学,这是有历史渊源的。小时候,父母把我放到乡下。从五岁到八岁学前的这段时间我是在农村度过的,我还上山放过牛。福建的小山村经常会有部队来拉练,暂驻下来就自己烧饭野炊。有一次,我看着解放军叔叔在那里蒸馒头,馒头熟了,我的口水可能都快流下来了。解放军叔叔递给我一个馒头,我吃了以后觉得那是我童年记忆当中最好吃的食物。可能在座各位觉得一个馒头有什么,但那是我对整个军人梦想的起源。当时我就想,未来有一天我要是也能穿上这身军装那该有多帅,所以当时成为一个军人的梦想就在心里形成了!我爸是个老中医,非常传统的老中医。他当时就希望我未来能继承他的衣钵,也能够去当一个老中医。所以我那个时候有一个很重要的任务,每天中饭晚饭之前都要背诵一首汤头歌,背诵好才能去吃饭。在福建当地看病都是很随意的,病家如果手头紧,拿几个鸡蛋或一把青菜,就可上门求医。所以那时候我看着我父亲治好了很多很多病人,心里也是很自豪的,就梦想着未来我也能当一个悬壶济世的好医生。所以,在我18岁不到的时候,高考结束了,我有机会选择自己的未来,我填上了第二军医大学,一个人背着行囊来到了上海黄浦江畔的军医摇篮。

学医很苦,这个大家都知道,但你们知道五年中到底要学多少本书吗?当时,我们一共要学58门课,这58门课的教材叠起来,就是从地板到天花板,足足有三米高。而这仅仅是教材,此外还有很多教辅资料。我对医学确实很感兴趣,但是我没有花百分之百的精力在课堂学习上,我只花了60%的精力在医学上,剩下时间都去了搞科学研究了。我那时大概有一大半时间在二军大的图书馆里(这个图书馆现在已经改建为长海医院的影像楼了)。上海的冬天很冷,我印象中那时候一到冬天,我手上就会长冻疮,主要原因就是在图书馆翻书、查资料弄的。五年后大学毕业的时候,我们临床医学系共300多人,我排第7名,不算很好,但是我已经很满意了。我的科研成绩在全系排名最高。

毕业时,大学组织保送研究生答辩,我在那次答辩中获得第一名。当时答辩小组的组长是二军大副校长,中国很有名的遗传学专家。老先生特别喜欢我,他找了很多人来做我思想工作,动员我读他的硕士。他保证我三年之内出国,五年之内当个专家教授。可是我当时的想法是,我来军医大读书是为了上战场的,我去做遗传、做基础研究的话,未来就不能上战场了,于是我便谢绝了。我很感激这些老专家,我们副校长没有为难我,说既然苏佳灿想去读临床,就让他去吧。

因为当时我答辩成绩第一,因此我有一个权利,可以在二军大所有导师里自由选择,我选哪位导师,哪位导师就得带我。那么应该选临床哪个科才能上战场呢?在琢磨了三天三夜之后,最终我选择了战创伤骨科。下定决心要学战创伤后,我就找到我们当时国内最有名的战创伤专家,报读他的研究生,就这样我顺利地进入了研究生的学习。

在二军大读研究生的时候,基础的研究非常好,蒸蒸日上,但学校临床医学的科学研究非常薄弱。当时我就在想,这样不行,我一定要做科研。经过思考,最终我决定去同济大学学力学,而当时同济大学力学系的院长虽然不能理解我一个医学研究生去学力学做什么,但也没有因此拒绝我,而我就这样开始了在同济大学学习力学。当时,我的经济状况不是很好,我就自己到大同路,买了一辆二手自行车,我印象很深,花了60块钱。于是我就骑着这辆60块钱的车往返于二军大和同济大学之间,骑了五年。五年后,我还写了一本书,内容是将当时最热门的计算机的仿真模拟力学应用于骨科。

博士毕业之前,我写了一本书叫《人体骨骼数字模型仿真学》,书写出来后,我拿给我导师看。导师觉得很奇怪,你一个骨科研究生去写了一本力学的书,谁信啊?我当时不信邪,我说这样我去证明给你看。我那时候就拿着书稿,坐着绿皮火车从上海一路到了重庆。首先到了第三军医大学,2004年2月份王正国院士给我签了字,他先看了我的书稿,看完以后说:"这个书稿很好,我帮你写一段话,拿回去给你导师看。"随后,我又坐着绿皮火车从重庆一路到了北京,首先找到了积水潭医院的骨科主任王亦璁教授,他是我们全中国骨创伤领域的奠基人。我到了他家里,王教授看了以后问了我一句话,苏博士你这本书有人给你写序吗?我说没有,他说:"我来给你写序,我觉得这本书很好。"非但如此,王教授还答应我到上海给我当答辩委员会主席。最后,我来到北京301医院找卢世璧院士。去之前我跟他秘书打电话,打了好多电话,他秘书都拒绝了,说卢院士没空。后来他可能被我缠得不行了,说那行,你明天早上8点到8:05,就给你五分钟时间。当天晚上,我一直在演练要跟卢院士说的话,第二天早上7点半我就过去了,在他办公室门口等着。8点一到,我立刻就把书稿送给卢院士,然后跟他聊了我这本书。卢院士翻了翻书,大约用了10分钟,翻完以后就把他们实验室的所有人召集起来,骂了20分钟。说你们这些人,拿着国家和军队这么多钱,你们还不如二军大的一个博士研究生。然后卢院士又带着我一个一个参观了他们的实验室。本来他们只准备给我五分钟,最后是整整陪了我一个半小时。每当我回想起本硕博十年的读书时光,我都觉得年轻的大学生一定要有追求和梦想。

那本书出版以后,钟世镇院士在2005年编了一本叫《数字人虚拟人》的书,把我的这本书作为物理人计划的代表作。

第五章 重，是负荷，也是担当

学生时代打下什么样的基础，对你将来能够成就多大的事业有很大关系的。我可以毫不犹豫地讲，当时我考入第二军医大学，是二军大本科最高分，我那年考了六百七八十分，750 分满分。我的很多同学也有 660 多分、650 多分考入二军大的，但是很多后来慢慢就平庸了。我倒不是说我有多不平凡，但是至少我一直都在努力，我的学生时代是最精彩的，也是最出彩的。我在这里总结学生时代，就是想告诉大家一句话，学生时代一定要以学习为主，我本硕博连读共 10 年。很多人觉得说我现在谈个恋爱多好，可是你现在浪费的时间，你未来都会用自己可能的成功作为代价去支付。所以我劝告大家学生时代最好不要谈恋爱。苏老师博士快毕业才谈的恋爱，一毕业我就跟我老婆结婚了，我老婆现在是消化科的专家，我们两个人携手同行在医学的领域里。做一个军人，这是我小时的梦想。我参加过许许多多的重要任务，比如，2008 年的汶川地震，我在汶川前后开了 300 多台手术，曾经连续三天三夜都没有合眼。

不过我觉得作为一个军医来讲，这没有什么好说的。我想跟大家讲一个青藏线的故事。2013 年 8 月，我接到总部任务，到青藏线上去为我们的官兵服务。一般上青藏线的人都是先到西宁那边半高原，然后再到拉萨。那次因为我们的任务比较特殊，是从拉萨一路走，翻过唐古拉山口，然后再到西宁。所以我刚到拉萨的时候，高原反应特别严重。严重到什么程度，基本上是上面吃不下，底下一直拉。后来我经常跟别人开玩笑说，高原反应教会我两个词，我学医的时候都没弄明白，一个叫喷射样呕吐，一个叫连续性腹泻。但即使是在连续性腹泻加喷射样呕吐的这种高原反应的折磨下，第二天的手术还得做。做手术时我要穿大约 10 斤重的铅衣，可是在高原上，穿在身上就像有 20 到 30 斤重，所以每走一步都很困难，而且头很痛。加上几天来没好好吃东西，体力也不支，虚汗一直在冒，手术中好几次都要停下来先吸吸氧。这个手术我在长海医院一般要花一个半小时，那次我用了三个多小时，多花了一倍多的时间，好在手术很成功。当我从手术室走出去的时候，有一个画面真的让我一直都很感动，病人的家属真的跪在地上。我其实很反对病人家属给医生下跪，但是他们真的跪在那。我当时只能说作为一个医生，这是我们该做的。所以那天晚上很多朋友看到新闻联播，包括第二天看的新闻直播间来给我发短信祝福。我说其实作为一个现代的军医，我们不仅要保证在上海这种非常好的手术环境下能够做手术，更要能保证在很多很难的环境下，比如说我们的边境，比如说我们的舰艇上，为我们的官兵提供最基本的医疗保障。

军人的经历，说老实话讲上几天几夜也可能讲不完。我只是给大家讲一两个关于军人的故事。作为医生,我想可以跟大家分享一下自己的从医经历。从医经历中,我最有名的可能就是给高龄骨折患者开刀。上海骨科手术患者最高年龄纪录是我创造的 105 岁,这个 105 岁的老奶奶骨折以后在上海辗转了十几家医院,没有人敢给她开刀。105 岁的生命力就像风中的蜡烛,可能风一吹命就过去了。当时我和我们医院的专家会诊的时候,所有人都说苏教授你已经功成名就了,没有必要再冒这个险。但我是一个明知山有虎,偏向虎山行的人,因为在这个老奶奶面前,我就想到了我自己的奶奶。我的奶奶在福建泉州,90 岁的时候,同样遭遇骨折,那时我正在读研究生。我父亲是个老中医,当时将骨折的奶奶送到医院,医生不敢开,风险太高,所以我的奶奶后来选择了保守治疗,在床上躺了不到半年,就遗憾地去世了。所以我当时给自己发了一个誓,未来只要我有一点点本事,我要为全天下像我奶奶一样的奶奶,为她们撑起一片天空。

2015 年 5 月 3 日,《新民晚报》头版以《高龄骨折等于躺着等死?》的标题报道了这例手术经过。我有个习惯,当医生这么多年,如果手术有风险或者风险很大,我会把患者家属请来开会。这个 105 岁的老奶奶五代同堂,共有 80 多口人。一般谈话在我的办公室就够了,正常情况下病人家属也就三五个。可是那一次谈话是在医院会议室谈的。一个家族里面能够出长寿老人,往往在于这个家族的家风很好。所以我谈完话,这家人异口同声说,"苏教授,我们信任你,放手去开"。当时如果不开刀这个老奶奶活不过三个月,开的话她可能还能有尊严地再活一段时间。当时跟家属谈完话,我就上去给老奶奶动手术了。手术很顺利,30 分钟就结束了。当我走出手术室的大门,看着老奶奶推出去的时候,我内心后怕,万一这个老奶奶有点闪失,门外的 80 多口人恐怕很难放过我。但是两个多月以后,当这个老奶奶带着几十口人到门诊感谢我的时候,门诊部主任一开始还以为是家属来医闹。作为医生,我当时的自豪感和满足感是难以用语言来形容的。这个老奶奶后来是 108 岁去世的。

我觉得,在一个医生有担当和没有担当之间,这个老奶奶她的生活质量就不同了。所以后来老百姓有句话,"高龄骨折怎么办?长海骨科找佳灿"。这是老百姓口口相传的。

十年来,80 岁以上的老奶奶老爷爷我累计开了 900 多例,成功让 900 多个老爷爷老奶奶有尊严地多活了好几年。这个难道不值得骄傲吗?作为一个创伤骨科专家给老爷爷老奶奶开刀,那是作为一个现代有责任感的医生应该做的。

第五章 重,是负荷,也是担当

我接下来介绍一下,怎么做一个专心科研的好学者。我们长海医院的北面有一个非常大的公司叫宝钢。

宝钢是中国最大的钢铁生产企业,我当主治医生的时候有时候需要给他们的工人锯腿。你们知道我锯掉一条腿要多长时间吗?15分钟。从切开到缝上,15分钟这条腿我就拿掉了。但是要保一条腿,可能三个月和半年都不止。锯腿的时候我心里很痛,这些工人如果腿和手被截掉了就没有了,它不像头发还能长出来。看着工人兄弟撕心裂肺的痛苦,我设立了人生中第一个科研目标,我要治疗这些毁损伤。什么叫毁损伤?钢铁啪的一声砸下来,整个腿砸成什么?骨头、肉和神经肌腱压成一团。怎么治疗呢?我做了很多很多实验,一直到碰到小顾。小顾是位31岁的工人,那天送到急诊来的时候遇到我了。他老婆身怀六甲,父母都是老实人,靠种菜为生,就这么一家人,他就是这家人的顶梁柱。所以我当时觉得,无论如何,得把他的腿保住。我跟宝钢的领导说,我们要想办法来保全工人的腿,不能一条条都锯掉。宝钢的领导问我要多少钱和多长时间?我说我需要3个月,需要20万到30万,他们说那你就尽量保。我保的第一条腿就是小顾的腿。我们经过了三个多月的努力,小顾的腿终于保住了。现在每年10月份,小顾一定会给我送两大麻袋的菜,都是他父母自己种的。直接送到门诊给我,我每次都收了。其实我从来不收病人的东西,但是小顾的东西我收了。每次来就跟我说一句话:"苏教授,我来也没什么事,就来看看!同时让你看看我的腿。当初很多人都说要截掉,可是我现在用它来走路。"后来,我们用这个在小顾腿上探索出来的技术,在三四年的时间里面,保下了很多病人的腿。凭借这新技术,我也成了全军拿到军队医疗成果二等奖中最年轻的,当年我34岁。现在我们这项技术已经推广到全国,治愈的腿已经超过几百条了。所以我想作为一个临床的专家,还有什么比自己发明的一项技术能够去保住别人的腿,更值得骄傲与自豪的呢?这是我最最重要的一个临床科研。

除了同济大学,我人生的第二次转折是华东理工大学。我2008年提上副教授,那时候31岁,我当时在想,我要给自己的人生选定另一个目标。那个时候生物材料研究在国内方兴未艾,我就想去学生物材料,因为骨科需要很多不同的材料。上海材料学最好的是华东理工大学,我直接去找到他们院长刘昌盛。我说,院长我要来跟你学材料学。他一脸的狐疑,他说长海医院的专家是不是脑子被驴给踢了,跑这么远,从五角场到华东理工大学要横穿整个上海。但是他还是收留了我,我以长海医院专家教授的身份去做华东理工大学材料学博士后。我2008

年开始转行去学材料，有三年时间很痛苦，一项基金都拿不到，还经受了不少冷言冷语。

终于，到2010年我拿到了材料领域的第一个国家自然基金。到现在为止，我这个团队已经是全中国最牛的生物材料领域的医疗团队。先后拿到了今年的国家自然基金重大研究计划重点项目和中韩国际重大合作项目。我们围绕着生物材料在做，我每年在上海都会主办一次中韩转化医学高峰论坛。我本人跟韩国的合作非常深入，现在中韩的合作项目开展得非常好，是国家自然基金最大的一个重大国际合作项目。中韩合作项目每年都会举行一次高峰科学家论坛。2016年6月在西安举行，我作为中国科学家团队代表，作为中韩两国科学家代表，介绍了我们在中韩生物材料领域的一些进展。人们常说"十年磨一剑"，我们仅仅用了八年时间，就成为全中国最顶尖的团队。我们所做的相关科研，《解放日报》《文汇报》都进行过相关报道，里面有我关于生物材料的一些领悟。

我自己在嘉定南翔建了一个1000多平方米的实验室，专门做生物材料。实验室里可以进行全套最先进的生物医学领域的试验和研究。如果以后各位同学需要做社会实践，欢迎你们到我的实验室来。我相信中国医生里面有自己实验室的人不多。我想做科学家，做顶级的科学家。

我还想谈谈怎么样做一个好老师。学医很痛苦，医学知识太难懂了。20多年前我学医时，老师上课都是夹了一堆薄膜进教室，往投影仪上一张一张地放，全程跟学生一点互动都没有，也不管你听没听懂，放完以后就走了。医学本来就很难懂，老师又讲的没味道，所以我们基本上就睡成了一大片，没人愿听。我当时默默立下一个誓言：将来如果我当老师，我一定要拿出最好的状态给学生上课。后来我当老师的时候，就独创了一套起承转合的教学法。这套教学法，获得了全上海教学比赛一等奖、全军教学比赛一等奖、全国教学比赛一等奖。我现在是二军大最年轻的教授。二军大评教授一般是50岁以后才能有资格评，我38岁就是二军大的教授，年龄最小的教授纪录就是我创的。我一直说，我们不要在意自己身上到底有没有缺点，我相信在座各位普通话都比我好。我刚来上海时，一句普通话都不会讲，但现在上海很多高校包括交大和复旦，请我去给他们的老师上"如何上好一堂课"。不要管生活给你制造了多大的难题，或者给了你多大的缺点，你自己去正视它，你自己去改正它。有可能你曾经的缺点就是你最强大的一环。我在全国做事迹报告会有200多场，核心内容关键词就是——"担当"。

三、"责任"是职责和任务

责任是一种职责和任务,是身处社会的个体成员必须遵守的规则,带有强制性。它伴随着人类社会的出现而出现,有社会就有责任。责任感是衡量一个人精神素质的重要指标。在社会的舞台上,每种角色往往意味着一种责任。当我脱离了学生、军人、医生这些角色,当我走入社会这个舞台,支撑我人生信念的就是"责任"两字。

2015年我成立了中国第一个医生志愿者团体,叫"上海医师志愿者联盟"。成立之初只有100多人,现在上海市和上海市以外的专家加在一起,医生团队有1 000多人,非常活跃。我们去过云南独龙江、沧源,也去过贵州遵义,青藏线……可以说足迹遍布中国西南地区最困难的地方。我成立医师联盟以后,做的第一件事是跟上海交通广播联合办了"杏林健康大讲堂"。我们的医生每个周一晚上8点到9点,都在电台105.7频道做节目。上海所有的区、县的社区都让我们的医生直接去面对我们的老百姓,给大家介绍最新鲜的医学资讯。此外,我们还经常举行大型义诊,如每年的3月5日都会开展"学雷锋开展义诊活动"。

我们还到全国各地去巡回讲,有一次我去东航巡讲,讲完以后认识了东航董事长刘绍勇。他告诉我飞机上经常会出现乘客有紧急的医疗情况,可是没有医生。医师联盟有一大批医生,而东航正好需要这种空中医疗专家,所以我和刘绍勇董事长商议后,东方航空公司和上海医师志愿者联盟合作组建了东航空中医疗专家组。成立当天,翁铁慧副市长也来了。空中医疗专家组成立之后,如果乘客在空中出现状况,只要有联盟医生在,立马就可以解决。

空中出现病人,如果没有及时处理,飞机可能就要返航,同机乘客的行程就要发生改变,航空公司的运营成本就会增加。所以这个项目成立以来,现在已经成为我们上海医师资源联盟的一个拳头产品。当然我也欢迎建桥学院的同学们参与,我们的联盟里面其实有一大部分是非医生的志愿者,我称他们为常青藤志愿者。简单来说就是和医生一起做好事。比如说,我们下个月要去崇明,你们可以报名,帮助义诊,做一些维持秩序等后勤保障工作。其实,我们可以在建桥学院成立一个小分队。我在上海理工大学就成立了一个上海医师志愿者联盟的理工分社,如果大家有兴趣,我们可以一起联手来做。我们有自己联盟的杂志,有免费服务热线,大家可以关注一下,上面有很多医疗资讯。在座的都很年轻,大家未必用得着，但可以记下号码给自己的爸爸妈妈，万一有什么医疗问题，可以直接找到我们联盟的专家，这个是全免费。联盟里都是上海三甲医院的医生，我们所推出来的医学科普，全都是合法的，我绝对不会允许他们去做广告或其他无关的事。我觉得作为个人来讲，每个青年人只要把自己的工作做好，社会自然会对你有更多的认可。我觉得跟我获得的那些荣誉比起来，我做的还远远不够，未来我会更加努力，让自己能够做得更好。

在演讲结束之前，我想总结一下我在上海奋斗的20多年历程和一些感慨。我来上海的时候，孤身一人，没有任何亲人。也没有朋友，我纯粹就是一个人拎着一个背包到上海来的。我给自己总结了六个词，第一个词是选择。我经常说我们在每一个时期都要给自己选择一个目标，这个目标可以长，可以短，可以大，也可以小。我一直到现在都会制定一年的目标、三年的目标、五年的目标，一直到十年的目标，现在十年的目标我已定好。我一直认为每个人都要有目标，没有目标，整个人生，包括你平时的工作状态会轻飘飘。很多人经常见到我说，苏教授你为什么总是活力四射？我说因为我心中有目标，脚下就有力量。人生有没有目标，十分重要。第二个词是奋斗。有目标之后，你要付出与之相匹配的奋斗。人生永远不会有天上掉下来的馅饼，天下没有免费的午餐，你如果不努力、不奋斗，成功不会不请自来。第三个词是坚持。很多医生其实也很优秀，我觉得很多人比我的智商更高，但是他们缺乏一种对目标的坚持，或者对结果的一种坚持。我想许多人是失败在距离成功一毫米的地方，自己觉得自己坚持不下去了。而我的感受是，当你觉得自己坚持不下去的时候，一定要给自己鼓劲，我要再坚持一分钟，也许成功就来了。第四个词是乐观。谁没有失败过？谁没有痛苦？谁没有低谷？每个人都会有低潮，都会有失败，都会有挫折，这个时候你要乐观。我从来不会因为一个很大的成果高兴很长时间，也不会让一个小小的失败、挫折影响我很长时间。我的情绪化管理做得特别好，一般来说，三分钟时间就会让我的开心或者不开心翻篇。第五个词是包容。我经常讲，我的团队里面，我带的20个研究生里面，有很优秀的成员，有很一般的成员，甚至也有比较落后的成员，但都要互相包容，共同进步。第六个词是感恩。我觉得我跟很多人不同之处在于，我会感恩帮助过我的人，甚至是那些对我提过很尖锐意见的人，我觉得都要对他们感恩。因为别人对你的鼓励也好，批评也好，都是你走向成功的必不可少的一些因素。我们现在的这一代人缺乏一种感恩的精神。最后，希望大家能够记住苏老师说的选择、奋斗、坚持、乐观、包容和感恩这六个词。

第六章 做一个对社会和人民有益的人[①]

导语

"弘扬雷锋精神"是上海建桥学院的教育特色,"感恩、回报、爱心、责任"是上海建桥学院的校训,这些都凝结着一个核心的教育目的——培养对社会和人民有益的人;让大学生立志把自己的理想、信念、价值观与实现中华民族伟大复兴"中国梦"紧密结合在一起。实现这一教育目标必须从做什么人这一基本点出发,就是要像雷锋那样,做一个对社会、对人民有益的人。

一、为什么要做对社会对人民有益的人

为什么要做对社会对人民有益的人?回答这个问题必须从学雷锋开始,是雷锋改变了我的人生观和价值观。雷锋是我学习的榜样,我是一个受益者,我作为一个老大学生,与大家交流一下,怎么用实际行动弘扬雷锋精神,永远做一个有益于社会、有益于人民的人。

我们都知道这样一句话:"榜样的力量是无穷的。"一个人以谁为榜样,就会成为一个什么样的人。每一个国家和民族,都要有自己的英雄模范人物,都要有人们学习、崇拜的偶像,他们是我们国家的丰碑、民族的脊梁、人民的榜样。所以每个国家都会树立自己的榜样,我们每个人心中都应该有自己的榜样。回忆我70多年来的成长道路,从小学到中学到大学,英雄模范人物在我一生的成长中起了巨大的作用。我们这代人受过中华民族优良传统和革命传统的教育和熏陶,在我

[①] 主讲人简介:杨德广,江苏南京人。享受国务院特殊津贴,二级教授,博士生导师,中国当代教育家。曾担任华东师范大学团委书记、上海市高等教育研究所所长、上海市高等教育局副局长、上海大学校长、上海师范大学校长。兼任中国高等教育学会副会长、中国民办教育研究院副院长、全国高等教育学研究会理事长、中国民办教育协会常务理事、上海市高等教育学会常务副会长等职务。研究方向为高等教育管理、高等教育理论与政策、高等学校德育等。发表论文600余篇,出版专著40余本。2010年,杨德广教授将讲课费、书稿费100万元以及卖掉的一套房子的房款共300万元,用于捐助小学、中学和大学三所母校的贫困生、优秀生,被评选为2010年全国十大老龄新闻人物,荣获2010年度上海市慈善之星、第十届中华慈善奖"慈善楷模"等光荣称号。

脑海里面有很多英雄模范人物，都是我学习的榜样。屈原、岳飞、史可法、文天祥等，都是中国古代的英雄；杨靖宇、王若飞、吴运铎、刘胡兰、董存瑞、黄继光等，是我国革命战争时期的英雄。这一个个鲜活的英雄展现在眼前，铭记在心中。他们伟大的情怀、英勇不屈的坚强意志、为国捐躯的牺牲精神使我永志不忘。这些英雄一直在激励我奋发学习、不畏艰苦、勇往直前。有一本书叫《革命烈士诗抄》，我看了以后非常感动，收获颇丰。其中有一个英雄人物叫夏明翰，有一首诗："砍头不要紧，只要主义真，杀了夏明翰，还有后来人。"我看了以后热血沸腾。我认为做人就应该做夏明翰这样的人，做这样的英雄，人生才有价值，才有意义。在我读中学和读大学的时候，毛泽东主席有一句名言："成千成万的先烈，为着人民的利益，在我们的前头英勇地牺牲了，让我们高举起他们的旗帜，踏着他们的血迹前进吧！"这句话一直记在我心中。因为我在旧中国生活了 10 年，受过三座大山的压迫，过着吃不饱、穿不暖的生活。新中国成立后，我是发自内心唱着"东方红，太阳升""没有共产党就没有新中国"。为什么会有新中国呢？就是无数的革命先烈用鲜血换来的，所以我们要踏着他们的血迹，奋勇前进。

在革命传统的教育下，我立志要成为英雄人物。当时我一直有点遗憾，遗憾自己晚生 20 年。我如果能够早生 20 年，也能够成为夏明翰、董存瑞、黄继光式的英雄。所以我遗憾过、彷徨过，认为自己没有机会成为英雄人物了，精神状态不够振作。那么是什么改变了我的精神面貌，改变了我的想法？是 1963 年 3 月 5 日，毛主席发出了"向雷锋同志学习"的号召，改变了我的人生观和价值观。当时开展了学雷锋的活动。我正在华东师范大学读书，是大学三年级的学生。学校党团组织开展了各种形式的学雷锋活动：读雷锋的书、讲雷锋的故事、唱雷锋的歌曲、看学雷锋的电影、参观学雷锋纪念馆。我惊奇地发现，我和雷锋是同时代人，他是 1940 年出生的，我也是 1940 年出生的，都是出生在贫苦农民家庭。他是 1960 年入党的，我也是 1960 年入党的。所以我们是同出生、同年龄、同党龄。雷锋事迹深深感染了我，教育了我。我把雷锋当成了自己终身学习的榜样。尤其是雷锋的崇高理想、高尚品德和毫不利己、专门利人的无私奉献的精神，给我留下了极其深刻的印象。

当年，我们开展了"学雷锋，见行动"活动，同学们都纷纷争着做好人好事。当时粮食要粮票，布要布票，肉要肉票，肥皂要肥皂票，火柴要火柴票。为了学雷锋，我们主动把发下来的肉票、糖票等都捐献给国家，以减少国家的困难。我个人在"学雷锋，见行动"中是怎么行动的呢？当时我们寝室八个男同学，三个是外地人，五个是上海人。每到星期天天气好的时候,我就把他们的被子拿出去晒一晒,下午再收回来。发现他们热水瓶里没有水,我就到食堂把它灌满,他们回来就有热水用了。发现寝室里面有不卫生、不整齐的地方,就主动地去打扫、整理。当时是困难时期,吃粮都要计划供应的,我们大学生每个月 34 斤粮票。在华东师大读书吃饭不要钱,每月发 34 斤饭票给我们的,钱由学校付。为了"学雷锋,见行动",我每个月都捐出 2 到 3 斤的饭票给饭量大、身材高大的男同学。为了像雷锋那样"做好人好事不留名",有时候我就把饭票悄悄地放在他们枕头下面,或放在生活委员的枕头下面。他们也知道这肯定是学雷锋的同学放的,也没有追问。大家感到很开心。

学雷锋改变了我的人生观、价值观。学雷锋以后,我知道了在新时期和平环境下,英雄模范人物就是雷锋,就是多做好人好事,全心全意地为人民服务。后来我留在华东师大工作,家住在常熟路,每天到华东师大上班,骑自行车 25 分钟。到华东师大要经过一座中山北路桥,很长、很陡。我每次骑自行车经过时,总看到有些老工人拉着沉重的板车,很吃力地上桥。为了学雷锋,以雷锋为榜样,我经常提前 10 分钟上班,到了中山北路桥下面,我就观察哪一个老师傅年纪比较大,车子比较沉重,我就一手推自行车,一手帮他推车到桥上去。上了桥以后,老师傅总要回头看一看,用毛巾挥一挥,露出感激的微笑,我感到非常高兴。

学雷锋改变了我的人生观、价值观,使我懂得了人为什么活着,应该怎么样活着。我醒悟了,新时期和平环境下不可能有炸碉堡、堵枪眼的机会,但是,我们仍然应该学英雄、当模范,应该像雷锋那样多做一点好人好事,为人民服务。由于"文革"的破坏,学雷锋活动一度黯然失色,甚至有的人用种种语言和手段,歪曲、贬低、诋毁雷锋精神,这是时代的悲剧、民族的悲哀。有一种说法:"雷锋叔叔不见了。"广大的人民群众,尤其是像我们 20 世纪四五十年代出生的人,受雷锋精神熏陶的人,始终怀念雷锋,期盼雷锋早日重返社会,回到人们的心中。我们一直很怀念雷锋和雷锋精神。粉碎"四人帮"以后,在邓小平理论指引下,雷锋精神又回来了。以习近平同志为核心的党中央,非常重视弘扬中华民族优秀文化传统、革命传统,提出向雷锋同志学习。习总书记指出,要实现中华民族伟大复兴的中国梦,必须要传承和弘扬中华民族优秀文化传统和革命传统,建立社会主义核心价值观。要把雷锋精神传播在祖国大地上,雷锋精神是永恒的。

我认为雷锋精神是社会主义核心价值观的生动体现,是中华民族传统美德的体现。雷锋精神在当代的延续和发展,是实现中华民族伟大复兴的强大的精神动力。中华民族要复兴、中国梦要实现,必须要有精神的力量,必须要有社会主义核心价值观做指导,学习和弘扬雷锋精神,就是一个重要的抓手。那么我们当代青年应该向雷锋学什么?怎样向雷锋学习?我认为学习、传承、弘扬雷锋精神,必须把握雷锋精神的实质,并落实到实际行动中去。50多年来,我一直是以雷锋为榜样,雷锋精神一直在激励我前行。

二、学雷锋做有益于社会和人民的人

雷锋精神主要体现在以下五个方面:一,在理想信仰上,有崇高的共产主义精神;二,在人生观上,有全心全意为人民服务的无私奉献精神;三,在学习上,发扬钉子精神;四,在工作中,发扬干一行、爱一行、专一行的螺丝钉精神;五,在生活上,发扬勤俭节约、艰苦奋斗的精神。我们应该从这五个方面来学习雷锋精神。可以说50多年来,我就是在这五个方面以雷锋为榜样的。

(一) 在理想信仰上,有崇高的共产主义精神

雷锋出生在旧中国,从小受苦受难,家破人亡,深受"三座大山"的压迫。通过新旧社会的对比,他懂得了没有共产党就没有新中国,要跟着共产党走,所以他对党有深厚的感情,对社会主义共产主义有坚定的信念。这方面我很有体会,我家在旧社会深受"三座大山"的压迫,所以新中国成立以后就深深感到我们的党、我

第六章 做一个对社会和人民有益的人

们的社会主义的伟大,感到共产主义的伟大。雷锋说:"是党给了我生命,哺育我长大成人,是党给了我幸福,是党给了我前进的力量,是党给了我一切。为了党,我愿洒尽鲜血,永不变心。我就是长着一个心眼,向着社会主义、向着共产主义,坚决听党指挥,一辈子跟党走。""一个革命者,活着就是应该把自己毕生的精力和整个的生命献给人类解放事业和共产主义事业。""我活着只有一个目的,就是做一个对人民有用的人。"这就是雷锋。他怀着对党的深厚感情,他有着坚定的共产主义信仰。我和雷锋是同时代的人,同样是生在贫苦农民的家里,从小过着吃不饱、穿不暖的生活。我七八岁就下地劳动,上山砍柴、挖野菜。是新中国成立以后,我才上了中学、大学,当了大学教授、大学校长。几十年来,我对党的感情,对社会主义、共产主义信仰没有动摇过。即使在"文革"中我被批斗了,被下放到东北劳动,我对社会主义、共产主义信仰也没有动摇过。一个人有了坚定的理想和信仰,有了明确的奋斗目标,就会像雷锋那样永远有前进的方向和动力。所以我是以雷锋为榜样,立志为社会主义、共产主义奋斗,永远做一个有益于社会和人民的人。

我在初中阶段就学习了《共产党宣言》,学习了毛泽东的《中国革命和中国共产党》和马克思主义党建的理论。我小学入队,初中入团,高中加入了中国共产党。我认为一个人应该有理想、有信仰、有追求,这样就有动力,不断地指引自己前进。我现在已经78岁了。回顾70多年来,我有过四个梦,这就是我的理想和追求,是我前进的动力。我的第一个梦就是"读书梦"。在旧社会,我家贫穷,受压迫,母亲为了摆脱这一状况,把希望寄托在我身上,去世前对我讲过一句话:"要争气,要有本事。"这句话如雷贯耳、刻骨铭心。怎么争气、有本事?我能想到的只有到大城市读书。第一个梦就产生了,即"读书梦"。第二个梦是图强梦。到了大城市读中学、大学以后,经过教育,我思想觉悟提高了,明确了"要争气,要有本事",不是为家庭争气、个人争气,而要为国家争气。当时我们国家是"一穷二白",报纸上宣传得最多的、学校里教育最多的是"奋发图强",改变我国"一穷二白"的面貌。所以读中学的时候我有了第二个梦,即"图强梦"。要学好知识,练好本领,将来建设强大的国家。华东师大毕业后,我留校工作,也产生了第三个梦,要做一个"教育家",把马克思主义的教育理论和中国的教育实践结合起来。40多年来,我在教育行政管理部门和研究机构工作过,在五所大学工作过,自己一直在沿着这条道路前行。我承担了10多项教育科研项目,荣获20多个奖项,出了40多本书,发表了600多篇文章。我就是沿着从教道路走下去,为我国的教育改革和发展作一点贡献。在 2017 年,我当选为"中国当代教育名家"。第四个梦,做个"慈善家"。退休以后怎么办?我决定做慈善工作,努力做一个慈善家。我一直有梦想,一直有理想,所以一直有动力。我是以雷锋为榜样的。

雷锋为什么始终有动力,就是因为有理想、有梦想,为社会主义、共产主义奋斗终生。一个人有了理想、有了追求以后,他也就具有了前进的动力。当代青年学生学雷锋,我认为首先就是要学习雷锋坚定不移的理想信念,要树立为社会主义、共产主义而奋斗的伟大志向。有了远大的理想,坚定的信念,就有了前进的强大动力,就有了克服困难、战胜困难的信心。

(二) 在人生观上,有全心全意为人民服务的无私奉献的精神

雷锋是做好人好事的典范,全心全意为人民服务的典范。雷锋在日记里这样写道:"我今天听一位同志说,人活着是为了吃饭,我觉得这句话不对,我们吃饭是为了活着,而我活着不是为了吃饭,而是为了使别人生活得更美好。"他有非常明确的人生观和价值观。雷锋的人生观就是要为社会主义、为人类的解放事业、为共产主义奋斗。雷锋不仅在单位全心全意为人民服务,而且出差回家探亲,都做了大量的好人好事。我们看雷锋的日记、雷锋的故事,这里面有很多好人好事,我想大家都学过了。雷锋认为,只有全心全意为人民服务,才有价值。他在日记中写过这么一句话:"一个人做点好事并不难,难的是一辈子做好事,不做坏事。"几十年来,我以雷锋为榜样,一直秉承作为共产党员,要全心全意为人民服务的宗旨,要永远做一个有益于社会和人民的人。学雷锋就是要像雷锋那样,永远做一个有益于社会、有益于人民的人。我的座右铭是:"无为何入世,入世有所为。"什么意思呢?没有作为,来到世界上干什么?来到这个世界上,就要有所作为,我就是要做雷锋那样的有所作为的人。在读书期间努力学习,学好本领,像雷锋那样有精湛的技术,能够为人民服务。我小学毕业进中学的时候是三差生:身体差,经济条件差,学习基础差。但我可以自豪地说,经过 6 年的努力,我中学毕业时,就是个三好生了,德智体全面发展。大学期间我努力学好知识,练好本领,坚持勤奋学习,勤奋锻炼身体。5 年的大学生活,更加巩固了中学成果,实现了"图强梦"。

大学毕业后我就被委以重任,靠的就是自己努力学习,特别是以雷锋为榜样。工作以后,我仍然以雷锋为榜样,全心全意为人民服务,树立无私奉献的精神。我 1965 年从华东师大毕业以后留校担任团委书记。当时是上海高校最年轻的团委书记。但是好景不长,"文革"中我被打倒,下放到东北劳动。粉碎"四人帮"以后,才又回到华东师大。后来我当过高教局的处长、高教局副局长、上海大学校长。1996年到2003年,我到了上海师范大学当校长。到上师大以后,我遇到两个棘手的问题,都是以雷锋为榜样解决的。一个住房问题。1996年我到上师大后,发现教师住房非常困难。当时上海市市民住房,人均是7.3平方米,很小,我们上师大的人均住房仅6.8平方米,比全市平均数还少。13平方米筒子楼的房子,分给两对新婚夫妇居住。我们说:"教师是太阳底下最光辉的事业。"当时我们的教师却住在没有太阳的房子里。这是很棘手的问题。怎么办?我作为一个党员校长,要为学校的发展着想,就要解决教师的住房困难。不能安居,何以乐业?第二个棘手问题,学校的校园破破烂烂的,树木很多,花草很少,上、下水道不通,一下雨就积水成塘。台风一来就"抗洪救灾"。如此"破落地主"式的校园,怎么培养人才?面对这两个棘手的问题怎么办?学雷锋,见行动,我经过调查研究,1996年8月份在中层干部会上宣布,保证三年解决上师大教师住房困难,不解决我辞职;保证三年把上师大建成上海市花园单位,不是花园单位,我辞职。我给自己下了军令状。学雷锋,为人民服务,要落到实处,解决实际问题。三年过去了,我没有辞职,因为两个问题都解决了。住房怎么解决的?改革分房制度,取消福利分房,向上面要一点、学校出一点、自己拿一点。三年解决了全校教职工4.7万平方米的房子,1 400多户教职工搬进了新房。校园环境怎么解决的?主要解决缺钱、缺劳动力问题。没有钱,我带头捐款,发动全校捐款;没有劳动力,组织全校师生员工双休日义务劳动,我带头参加劳动。三年后上师大校园从昔日的"破落地主"成为上海市花园单位、全国绿化400佳。1998年后还顶着压力开发了奉贤校区。我们要把全心全意为人民服务落实到行动上,而不是放在口头上。可以说我在位的时候,以雷锋为榜样,努力为人民服务,也有机会、有条件为人民服务。因为在校长位置上,为大家服务比较方便,我有这个权。比如,当时女同学洗澡很困难,每天都排长队,我问女同学为什么要排那么长的队?她们说晚上9点钟澡堂就关门了。我对后勤部门说:"为什么要那么早关门呢?应延长洗澡时间。"我因为有这个权,后勤部门按照我的意见延长到晚上11点,结果洗澡就不要排队了。所以在位时可以为大家服务,不在位了怎么办?退休以后怎么办?我认为还是要坚持全心全意为人民服务。

从2004年起,每年元旦后上班的第一天,我都为上师大爱心基金和教育发展基金捐款,每年植树节给学校绿化捐款。2010年我70岁的时候,我打点了我自己的精神财产和物质财产。自费出了一套《杨德广教育文选》和《我的教育人生》，供后人和我的学生参考和批判。多年来，我积累了100万元的讲课费和书稿费，准备捐给我的三所母校。因为我能够有今天，是党和人民的培养。但是一个学校就30多万，太少了。于是决定卖掉一套房子，一共筹集了300万。一个母校100万。以实际行动做到退休以后也要践行全心全意为人民服务的宗旨。连续8年，每年我都要到我的小学、中学、大学去给他们颁发奖学金，勉励他们努力学习，练好本领。我认为学雷锋就应该有实际行动。在位的时候学雷锋，退下来以后也要学雷锋。

为了扩大慈善的范围，我建立了阳光慈善专项基金。2012年在社会爱心人士的帮助下筹集了200万元，连续5年资助西部地区贫困生的营养午餐，受助学生有4 000多人次。2013年我筹集了150万元，资助32名西部优秀贫困生，从小学一直资助到大学毕业。2014年，在西部10个地区设立了"阳光优秀生"奖学金，每人每年奖励2 000元。现在已经有200多位爱心人士加入阳光慈善行列。2015年我自费购买了6 000棵竹柳，赠送给奉贤地区三所高校，成活后于2016年和2017年在全市组织了8次大型义务植树活动，共种植10万多株竹柳。近几年来，我将自己退休工资的一半用于阳光慈善事业。有人问我为什么要做慈善？我说动因很多，其中一个动因就是以雷锋为榜样，是雷锋精神激励我前行。要像雷锋那样心中永远装有人民，一切为了人民。

当代青年学生学雷锋，就应该像雷锋那样，心中永远装有人民，一切为了人民，积极参加社会公益活动，志愿者活动，从小事做起，从身边做起，多做好人好事，行善积德，助人为乐。

(三) 在学习上，有"挤"和"钻"的钉子精神

为了实现崇高的理想，做好本职工作，必须有理论的武装，有科学文化知识。雷锋是一位勤奋好学的青年。尽管平时工作繁忙，但是他发扬了刻苦钻研的钉子精神。雷锋说："有些人说工作很忙，没有时间学习，实际上要学习，时间总是有的，问题是善不善于挤，愿不愿意钻。""一块好的木板，上面一个眼也没有。但钉子为什么能够钉得进去呢？一个是挤劲，一个是钻劲。"雷锋就是靠挤和钻这两个字，用顽强的毅力、刻苦的精神，学习了马克思主义理论、科学文化知识，指导他一生朝气蓬勃、意气风发地向前进。为什么雷锋始终有明确的理想和目标？我认为和他坚持努力学习有关，他用革命的理论武装了自己。

雷锋的挤和钻的学习精神对我启发很大,激励我刻苦学习。在大学期间我几乎每个周末都是在学校里度过,抓紧时间学习。当时读了很多的书,包括有关马列的书籍,中外名著,有关社会科学、自然科学的书籍等。为今后的工作奠定了良好基础。

我在中学、大学读书时有个习惯,喜欢记笔记。"好记性不如烂笔头。"那时练习本价格便宜,三分钱一本。我看文艺小说有专门笔记本,看人物传记有专门笔记本,看科学知识有专门笔记本。所以有很多笔记本,像雷锋那样多学多记多写。当时华东师大有个好的学风,每周三晚上,都有学术报告会。主要给青年教师做的,我当时是大学生,但是我是学理工科的,感觉自己文科知识和科普知识不足,因此每一次学校组织学术报告会我都去听,并且坐在前面,认真地记笔记。我认为知识在于积累,所以后来我虽然从事的是教育工作,和文科打交道多,但还能够适应,这就是在中学和大学里打下的基础。我在华东师大读书时,还是文工团民乐队成员,我会拉二胡、会吹笛子,是初中时跟寝室同学学会的。文工团是集中住宿的,我每天早上起来背一首唐诗宋词。"文革"期间没有什么书看了,我就看看《新华字典》、成语字典。

雷锋在学习上钻的精神、挤的精神,给我印象很深,促进很大。有人问我,工作那么忙为什么能够出几十本书,发表了几百篇文章,哪里来的时间?我说学习雷锋的挤的精神、钻的精神。我是个惜时如命的人,抓紧时间、争分夺秒。就是靠挤出来的时间。我一般早上7点多钟到学校,晚上8点多钟回家,回家以后还有两个半小时自己学习研究。除了处理工作以外,每天有四个小时可以自己学习研究,所以只要发挥挤和钻的精神,就能够取得成果。

当代青年学生学雷锋,就应该像雷锋那样的珍惜时间,争分夺秒,发扬钉子精神。在学习上要有挤的精神、钻的精神、锲而不舍的精神,勤学勤思,刻苦钻研,为将来的工作积累广博的知识。大家都希望今后事业有成,我认为事业有成的前提是学有所成。在大学里,你学有所成,将来才可能事业有成。

(四) 在工作中,有"干一行、爱一行、钻一行"的螺丝钉精神

雷锋在这方面非常突出。雷锋说:"一个人的作用,对于革命事业来说,就如一架机器上的一颗螺丝钉,螺丝钉虽小,其作用是不可估量的。我愿永远做一颗螺丝钉,不怕苦不怕累,干一行、爱一行、钻一行。社会主义、共产主义大厦,是一个个螺丝钉构建而成的。"对雷锋的螺丝钉精神,曾经有一段时间还有人写文章批

判，我认为这是非常荒唐的事情。我们讲的是干一行、爱一行的精神，这种精神是值得发扬的，值得我们学习的。社会主义、共产主义大厦，需要一个个螺丝钉构建，需要一块块砖瓦堆砌。只有每一个螺丝钉都很牢固，每一块砖瓦都很坚硬地固定在一定位置上，大厦才不会动摇、垮塌。雷锋在每一个平凡的工作岗位上，以高度的责任感、事业心，爱岗敬业、脚踏实地、忘我工作，取得了不平凡的成绩，为社会主义建设发挥了光和热。

回忆这50多年以来，我在教育岗位上，多次调动工作。大学一毕业，我留校从事管理工作，后来到教育行政部门工作，到高教研究所工作，再后来又先后在五所大学工作过，共有十几次调动工作岗位，我总是以雷锋为榜样，服从党组织的安排。像雷锋那样，干一行、爱一行、钻一行。把"工作、学习、研究"结合起来，像雷锋那样，干什么工作，把这个工作做好，然后学习，再对工作学习的成果进行研究，把研究的成果指导工作，形成良性循环。我体会到，只要有雷锋的干一行、爱一行、钻一行的螺丝钉精神，就能够做出成绩，就是一个有益于社会和人民的人。

当代青年学生学习雷锋，就要学习他为社会主义建设努力把自己打造成永不生锈的螺丝钉，将来在任何一个工作岗位上，都能够闪闪地发光。

（五）生活上有勤俭节约、艰苦奋斗的精神

雷锋在这方面非常突出，也是我学习的榜样。雷锋说过，在工作上要向积极性最高的同志看齐；在生活上要向水平最低的同志看齐。雷锋平时在生活上非常节俭，他穿的衣服、袜子都是补了又补。他说我们的国家还很穷，穿破了的衣服，补好了再穿，省下的军装就交给国家，所以他不是每一套军装都穿的。他把新衣服上交，把旧衣服补了又补，既为国家节省开支，又发扬了艰苦奋斗、勤俭节约的优良传统。在雷锋勤俭节约精神的鼓舞下、感染下，我在大学期间生活也非常节俭。衣服破了补了又补，特别是袜子起码要补四五次。当时我没有棉衣棉裤，我们这些贫困学生的棉衣棉裤是解放军补助的。棉裤里没有棉毛裤，空荡荡的很冷。我就把学校补助的棉被的四个角上的棉花撕下来，用破布缝一缝绑在腿上，用这样的办法御寒。雷锋精神给我很大鼓舞，我感到很光荣。我以雷锋为榜样，养成了勤俭节约的习惯，包括节约水、电、粮。生活上低标准、工作上高标准的雷锋精神，一直对自己起着榜样作用，并养成了习惯。比如我在家里从来不倒剩饭、剩菜。有人说剩饭剩菜不好吃，我存放在冰箱里面，从来不倒，从不浪费。包括冬天的茶叶，第二天也继续喝，养成勤俭节约的习惯了。我经常出差，要乘飞机、

乘火车,但至今没有在飞机场吃过一次饭,也没有在火车餐厅吃过饭,因为太贵了。我曾经从哈尔滨到上海,飞机延误了六个小时,我准备到机场餐馆吃碗面条充饥,我一看要68块钱一碗,量又不多,舍不得。后来8元钱买了一桶方便面,吃得很舒服。我每天晚上都在我女儿家吃饭,如果有剩余的第二天中午热一热再吃,没有饭就下点面条。半斤面条可以吃三顿,里面放一点小青菜,或者番茄、鸡蛋。我从来不到饭店、宾馆里去吃饭,已养成了习惯。我给自己立了八个字的家训,也是与雷锋精神的影响有关系的——"勤俭、和善、自强、有为"。第一条就是勤俭,要坚持过着简单、俭朴的生活,这不仅是为了节省钱,更重要的是一种生活方式和精神追求,有助于身心健康,也有助于和周围人建立良好的和谐的关系。

当代青年学生学雷锋,就要像雷锋那样,从不浪费粮食、节约水电、不讲究吃穿、不盲目攀比、艰苦奋斗、勤俭节约做起。今天我们开展学雷锋活动,应该用实际行动来学雷锋,要以雷锋为榜样,做雷锋式的全心全意为人民服务的人。要全心全意为人民服务,我认为很重要一点,要有为人民服务的本领。你没有为人民服务的本领,就不可能很好地为人民服务。怎么样才能有为人民服务的本领?最根本的就是要努力学习,接受教育。我这一辈子从事教育,也是一辈子接受教育。教育可以改变命运,教育可以给你带来知识,带来健康的身体,带来本领,能够更好地全心全意为人民服务。

三、学雷锋的三大法宝

我能够有今天,能够从一个农民的儿子成为大学教授、大学校长,从一个三差生(身体差、学习基础差、经济条件差),成为三好生,成为三高学者(高级职称、高校校长、高产学者),我认为很重要的一点,就是以雷锋为榜样,落实到实际行动中。因此,我总结出了学雷锋的三大法宝:理想和信仰、勤奋和吃苦、抗干扰能力。

(一) 学雷锋要有理想和信仰

我出生在一个贫苦农民的家里,旧社会深受"三座大山"的压迫,我知道旧中国为什么苦难深重。中国自1840年鸦片战争以后,沦为半殖民地半封建社会,从此中国人民处于水深火热之中。一百多次农民起义都失败了。辛亥革命尽管取得了成功,但并没有推翻"三座大山"。靠谁解救了中国?靠中国共产党,靠毛泽东,是毛泽东领导的中国共产党最终推翻了三座大山,只有中国共产党才能救中国。现在中国要继续前进,仍然要靠中国共产党的领导。新中国经历了三个时代,毛泽东时代让中国人民站起来,邓小平时代让中国人民富起来,习近平时代让中国人民强起来。我们要继续在中国共产党领导下,为社会主义、共产主义事业而奋斗,当代大学生要树立这种远大理想。我在这方面一直很坚定,一直在激励自己努力前行。

我记得激励我学习的有两件事情。第一件事是抗美援朝,美国把战火燃烧到鸭绿江边,抗美援朝结束以后,美国飞机还不断在中国盘旋,侵犯中国领空,我国政府只能抗议,但打不下来,贫穷落后就要挨打。激起我要学知识、练本领的决心。立志长大后做一名飞行员,要把美国飞机打下来。第二件事是1960年8月下旬,我到华东师大读书,看到中山北路公交车上有人背着个橡皮袋,我不知道是什么,老师告诉我们是液化气、煤气。当时中国没有汽油,没有石油,美国封锁我们,苏联卡我们。我心里憋了一股气,要努力学习,练好本领,改变我们国家一穷二白的面貌。所以理想和信仰一直是促进自己努力前进的动力。

(二) 学雷锋要勤奋,要肯吃苦

我认为勤奋吃苦是成功的源泉。我相信"天才是99%的汗水加1%的灵感"这句话,我这几十年就是靠勤奋吃苦。我在读书期间,分秒必争地学知识;工作以后,分秒必争地学习、工作、搞研究。"吃得苦中苦,方为人上人。"过去对这句话是批判的,我认为不应该批判,只有能吃苦的人,才能成为有文化的人、有能力的人、有作为的人、能为人民服务的人。怕吃苦的人,必然是平庸的人,没有知识、没有文化、没有能力的人。

(三) 学雷锋要有抗干扰能力

在互联网时代,大千世界有各种各样吸引眼球的东西,一个人如果没有抗干扰能力是不行的。现在有不少大学生,包括一部分研究生,控制不住自己,深更半夜还在看手机、玩游戏,这就是干扰。我主张10点钟必须关手机,确保有个好的睡眠,第二天可以精神焕发。抗干扰能力包括要有抵制各种诱惑的能力,有自我控制能力,还包括要经受住各种误解、非议。有一本书,叫《论共产党员的修养》,是刘少奇同志写的。这本书给我教育很深。刘少奇同志在书中说:"共产党员要全心全意为人民服务,要顾全大局,必要时要委曲求全、忍辱负重。"什么叫委曲求全、忍辱负重？我工作以后才体会到这八个字的重要性。比如说,我在上师大解决教职工住房困难时,千方百计,花了很大精力,但有人不理解,还有人造我的谣。说我那么积极搞房改,是想自己捞房子,还有人写匿名信。当时有人劝我说,算了,不要搞房改了。我想起了刘少奇教导的全心全意为人民服务,就得委曲求全、忍辱负重,所以不管人家怎么讲,我坚持到底。我为了上师大的绿化环境建设,带头劳动,带头捐款,也有人说我捞好处。我能捞什么好处？绿化多了,氧气足了、负离子多了,大家一起受益。各种干扰都有,你做出了成绩也会有干扰,因此要委曲求全、忍辱负重,这是抗干扰的法宝。希望我们每个同学也掌握好这三大法宝,要有理想信仰、要勤奋吃苦、要有抗干扰能力。

我还有三个优势,一是身体的优势。我现在快80岁了,身体还这么好。我本来身体很差的,我出生在贫苦农民家里,生下来以后没有喝过奶水。父母亲准备把我送掉的,因为养不活。后来在我姐姐苦苦哀求下,才把我留了下来,由于还是吃不饱、穿不暖。我出生不到100天,全家从南京流浪到江苏农村。长期的营养不良,导致我小学毕业的时候,身体很差,面黄肌瘦。到中学报到时门卫不让我进。后来身体是怎么好的呢？教育改变命运。初中老师一句话:"你们要健康地为祖国工作50年,必须坚持锻炼身体。"当天下午我就开始锻炼身体,连续锻炼了11年。中学六年,大学五年,每天早上长跑,下午长跑,一天两次,成了业余运动员。40多年来,每天坚持16小时的工作、学习,正因为有健康身体的支撑。二是时间的优势。我初中一年级时读过苏联小说《钢铁是怎样炼成的》,里面有一句话:"人的一生应当这样度过:当他回首往事的时候,不因虚度年华而悔恨,也不因碌碌无为而羞愧。"这句话让我很震撼。我想人老了以后会不会后悔,有没有浪费时间？于是从初中一年级,我就觉悟到要抓紧时间、珍惜时间。尤其是改革开放后,为了把"文革"中造成的损失夺回来,我每天安排16个小时用于工作和学习。赢得了时间,就赢得了成功、赢得了丰收。三是心理的优势,这点很重要。心理健康是健康的另外一半。心理健康,包括要坚强、坚韧,要有责任心、进取心、自信心,要有自我控制能力。不要动不动就不开心、就生气。我这个人生气不超过三分钟,不受外来琐事、杂音干扰。白天忙于工作,晚上忙于学习、研究。心理优势使我的工作效率和学习效率大大提高,并拥有良好心态和健康身体。所以这三大优势也是我成功的重要因素。

总之,学雷锋要拿出实际行动,特别要有全心全意为人民服务的本领。希望我们每个同学在大学阶段努力学习,练好本领,将来能够像雷锋那样全心全意地为人民服务,为社会、为人民作出更大贡献。

习总书记说:"雷锋精神,人人可学,奉献爱心,处处可为,积小善为大善,善莫大也。"希望我们每个同学都要记住习总书记的嘱咐,并贯穿到实际行动之中。

学生反馈

数媒B18-1班刘同学反馈:杨教授是一位和雷锋党龄相同的老党员,他的人生有读书梦、图强梦、教育梦、慈善梦四个梦,这些也是我作为中国的社会主义接班人应该去努力实现的梦。我要学习杨教授做一个雷锋式的人,用他的三大法宝:理想信仰、勤奋吃苦、抗干扰能力激励自己,成为一个真正有益于社会、有益于人民的人。

数媒B18-2班刘同学反馈:在此之前我时常疑惑何为对社会对人民有益的人?做一个推动社会进步的推动者,还是做一个为人民服务的助人为乐者,或是做好自己成为社会的一颗普普通通的螺丝钉?听了杨教授的课我明确了方向,即成为一个像雷锋那样的真正有益于社会有益于人民的人。

第七章　一个人的长征①

导语

　　长征是一次理想信念的伟大远征。习近平总书记说:"实现伟大的理想,没有平坦的大道可走。"我们还有许多"雪山""草地"需要跨越,还有许多"娄山关""腊子口"需要征服,一切贪图安逸、不愿继续艰苦奋斗的想法都是要不得的,一切骄傲自满、不愿继续开拓前进的想法都是要不得的。长征的故事是悲壮的、惨烈的,风雨压不垮,苦难中开花。毛泽东同志曾经说过:"长征是宣言书,长征是宣传队,长征是播种机。"我们的时代是一个需要英雄的时代,历史不应被忘记,英雄不应被忘记。我们要时刻铭记,我们今天的安宁和富足是怎么得来的,让我们在建设强大的国家和美好未来的过程中,更加不断地努力。

一、为什么要去寻找红军

　　从瑞金到陕北,是中国近代历史上著名的长征线路。我为什么要重新走上长征路?为什么要去寻找红军?

　　1995年8月,我带着一个纪录片的摄制小组在北京拍摄一部抗日战争主题的纪录片。1995年是抗日战争胜利50周年,我很幸运,拍到了我们共和国一大群开国的上将、中将和少将。全程经历过长征、抗日战争和解放战争的这一代共和国战将,到今天绝大部分都离我们远去了。所以我特别难以忘怀,当年我拍摄和采访到了这些将军们。在我的记忆当中,主要有杨成武、萧克、陈锡联、王平、张宗逊、吕正操、苏静、孙毅、叶飞,等等。

---

① 主讲者简介:左力,生于北京,曾担任《深圳画报》和《深圳周刊》首席摄影,获澳门封面摄影师大奖和中国新闻摄影金奖。曾赴瑞士、法国、西班牙、意大利、希腊和美国拍摄纪录片。担任过《发现幸福之旅》《移民与海》《再见城中村》《走读国际大都会》《深圳地标》等多部纪录片总导演。2013年10月10日,左力从江西瑞金出发,开始了一个人的长征,并于2014年10月19日到达陕北吴起镇。徒步行走12 100公里,耗时374天。2018年3月再次重走长征路。

共和国开国战将们给我留下很深的印象。如果说到这些人名你们不知道、不熟悉,有一个名字大家肯定知道——李云龙,《亮剑》的男一号,但是李云龙只是我们塑造的电视人物。李云龙是有原型人物的,在网上可以查到,是中国人民解放军一位非常骁勇的战将,他的名字叫王近山①,是开国中将。在采访这些老将军的过程中,让我印象最深、最难忘的是,这些炮火中成长的男人和在和平年代成长的男人的感觉是完全不一样的。这些战场上下来的爷们,虽然都八九十岁了,垂垂老矣,但是跟我们交谈时的眼神让我终生难忘。到现在想起来,我都不敢直视他们,不敢跟他们对视。因为老人家看你的眼神都是虎目熊光的,只要一提起对敌斗争的细节,眼中就会冒出一股杀气。

我特别想提的第一位,让我特别难忘的,就是杨成武将军。杨成武长得白白净净,像一个白面书生,但他是一名虎将,一名抗日战争的名将。黄土岭战役中他一举击毙了日本的"名将之花"阿部规秀中将。我采访他时,他已经80多岁了。但杨将军还很风趣地和我开玩笑。他说话声调不高,一见我就问:"你叫什么名字?"我说我叫左力。"你大点声,你叫什么名字?"我说:"我叫左力!""你怎么姓左呢? 我以前打死的日本鬼子都姓左。什么佐佐木,佐藤。"老爷子非常幽默,但是,

---

① 王近山,湖北省红安县人,1930 年 6 月参加中国工农红军,1932 年加入中国共产党,历任红军师长、八路军旅长、野战军兵团副司令员、志愿军兵团副司令员等职,参加了淮海战役、上甘岭战役等重要战役。新中国成立后曾担任山东军区副司令员、代司令员,北京军区副司令员,公安部副部长等职务。1955 年被授予中将军衔。

第七章 一个人的长征

他跟我讲起长征的时候，突然间就会变得非常严肃，我永远难忘他当时一脸的沉重。

杨成武将军长征的时候年仅26岁，担任红军红四团①的政委。我采访他的时候，很想听他跟我讲讲红四团的故事，因为这个团太著名了，但是老将军那天没有讲，他是用征询的眼光看着我，然后问我说："我今天可不可以不讲红四团了？"我说："那您想讲什么？"他说："我想讲讲我的一个好兄弟。"我说："他的名字叫什么？"他说："他的名字叫陈树湘②。"湘江战役中，陈树湘带领6 000多名将士负责断后，护卫大部队撤退，最后全军覆没，6 000多名战士集体阵亡。陈树湘，年仅28岁的红军师长在激烈的战斗中负伤，被敌人活捉，在被敌人送往后方的过程中，陈树湘竟然用手从伤口把自己的肠子从体内全部拽出，绞肠而死。老将军讲到这儿的时候，我们的摄影机在缓缓地转动，故事已经讲到最高潮、最精彩的地方，但老将军却没将故事讲完。在那一瞬间，老将军突然卡住了，一句话都讲不出来，浑身像打摆子一样在颤抖。老将军花白的头发在剧烈的颤抖，脖子上的青筋扑扑地跳动，太阳穴的血管扑扑地跳动，他一句话都说不出来了。老将军眼里闪着泪花，突然站起来跟我们说："不想讲了，不讲了，我讲不下去了。"他叫警卫员过来扶他上楼休息。在那一刹那，我突然间意识到，我们根本无法理解什么叫战争。战争离我们太遥远了，我们只能从课本上、从电视某个镜头里面、从某个大V的微博、微信里面碎片化地了解什么叫战争。在刹那间，我心中萌发一个想法：我将来有没有可能以我的方式到达历史现场把这些故事采集回来，再讲给我们的孩子听。1995年，我在拍摄纪录片的时候，萌发了最早的想法，就是将来有没有可能以我的方式到达历史现场。

2006年，我带着一个拍摄《幸福祖国》纪录片的小组，去全国相关地区采访，拍摄的线路有许多和红军长征的线路重合。所以拍《幸福祖国》纪录片，也更加坚定了我走长征路的愿望。

美国时代生活出的《人类1000年》这本书也刺激了我去走长征路，它列举了

---

① 红四团是一支具有光荣传统、成功显赫的部队，它的前身为参加过北伐战争的国民革命军第四军叶挺独立团，曾参加过彪炳史册的南昌起义、湘南暴动。1934年10月16日，全军的前卫团——红一方面军一军团第二师第四团涉于都河，迈出了战略转移的第一步。这一天也就成为中央红军二万五千里长征的一个纪念日。在长征过程中，红四团曾多次担任全军的先头部队，在湘江战役中首先突破湘江并占领重要渡口觉山铺，全力阻击蜂拥而来的国民党军何健部，为中央红军最终突破湘江封锁线作出了重要贡献。

② 陈树湘，出生于湖南长沙，无产阶级革命家、军事家、革命烈士。1925年7月，加入中国共产党。1934年10月，中央红军开始长征，陈树湘率领红三十四师担负全军后卫，掩护全军主力和中共中央、中央军委机关，同敌人追兵频繁作战，激战四天五夜。最后，部队弹尽粮绝，陈树湘伤重被俘。1934年12月9日，在押送途中，慷慨就义，年仅29岁。

整个人类历史近 1000 年里面发生的 100 个重大的事件,其中 1934 年中国的长征也被列入其中。

二、再出发:一个人的长征

2013 年,我首次长征,历时一年,身上掉了 30 多斤肉。这一次(2018 年)更厉害,6 个多月的时间,我出发时的体重是 164 斤,现在已经是 132 斤了。所以说这漫漫长征路对体力的消耗是很大的。你们将来有机会,也一定要去看一看。我觉得,学习历史,到达历史现场去学习的感受和你在家里面拿着一本书学习的感觉是完全不同的。江西瑞金我整整待了两天的时间,有很多的故事让我很震撼,包括中央大礼堂。中央大礼堂是谁设计的?你们可以查到,是我心中的一个超级偶像——钱壮飞[①]。可惜,这还是一个荒凉的旅游胜地,这也让我有些失落。很多人都知道瑞金是红都,那是很漂亮的地方,瑞金被保存得很好,竹林深深、溪水潺潺、古树参天、绿草如茵,但这么棒的地方游客却很少。

我在长征路上,白天走路,晚上看书,然后到达古战场,我就查阅那些历史资料,跟很多文史馆人去聊。我一路上在问自己一个问题:"长征到底是什么?"我想用三个关键词来与大家分享。我说的长征的关键词,第一个就是"国家逃难"。长征是从一场被迫的逃难开始的,第五次反围剿失败后被迫开始的。如果我们不能面对这段历史,我们很多孩子会误读历史,长征是被迫开始的,没有人愿意去进行长征,谁能知道后面是二万五千里?有些同学跟我分享说:"左老师,我查了很多资料,说长征不就是从败仗开始的吗?一路上被人当流寇在追杀,最后差点灭掉,说这样的远征有什么好说的呢?"我说同学们,你们只是看长征的开头,你们为什么不接着看长征后面发生的是什么。我说后面发生的关键词是什么?就是"绝地反击、向死而生"。真正的伟大不是从胜利到胜利,那不叫伟大,那只能叫强大。什么是伟大?伟大就是从弱小到强大,从失败到胜利,从幼稚到成熟,从落寞到辉煌。这才是真正的伟大。所以,我认为长征就是这样几个关键词。

---

① 钱壮飞,浙江湖州人,毕业于北京医科专门学校(现北京大学医学部),1926 年加入中国共产党。是中共隐蔽战线的"龙潭三杰"之一,100 位为新中国成立做出突出贡献的英雄模范人物之一。1929 年底,任中统首脑徐恩曾机要秘书。后进入中央苏区,历任中革军委政治保卫局局长等重要职务。1934 年 10 月参加长征,遵义会议后被任命为红军总政治部副秘书长。1935 年 4 月牺牲(一说失踪)。

第七章 一个人的长征

三、一个人长征的日记

我们穿越了 80 年的历史隔膜,还能不能触摸到斑驳的历史细节? 为什么会有长征? 几张年轻的面孔诉说了伟大也会有着当初的幼稚,给大家讲讲跟长征直接相关的三个年轻面孔。第一个是中国共产党早期的三大帅哥之一,周恩来。周恩来当时是我们党的军队的运作者和执行者,他不是最高领导人。最高领导人是一个戴着眼镜、长得白白净净、像个文弱书生的,刚刚从莫斯科中山大学回来年仅 24 岁的海龟,他的中文名字叫秦邦宪,俄文名字叫博古诺夫,简称博古。博古是由远在莫斯科的王明选定的。他担任职位后,由他来正式指挥红军的反围剿作战,而博古刚刚大学毕业,从海外归回来,他根本没有作战经验,更没有军事经验,他迫切需要一个军事助手。26 岁的德国人李德成了他的助手。李德刚从伏龙芝军事学院毕业,也没有多高作战指挥水平,然而博古却给李德任命了当时最高的职位——共产国际派来的最高军事顾问,由他来指挥红军的反围剿作战。他完全不了解中国国情,只是按照自己在学校学习的最简单的军事原则和战略条例来指挥红军反围剿作战,结果第五次反围剿红军在江西被打惨了。一个广昌会战红军阵亡 5 500 多人,血流成河,气得彭德怀直骂娘。到 1934 年 9 月份,整个中央红军被国民党 150 万大军像铁桶一样包起来,包到什么程度,包到连盐都吃不上,最后红军靠什么来运盐呢? 靠外围的老乡,把盐化成盐水,把盐水浇在棉衣的棉胎里,晾干后穿着棉袄过敌人的哨卡。到了根据地,把棉衣泡在水里,把泡出的盐水放到火上去熬,熬干后的白色结晶就是红军要吃的盐。所以说,红军被打到这份上,再不走,再不突围,再不离开的话,就会被国民党反动派的 150 万白军活活掐死在苏区,就有全军覆灭的危险,在这种状况下,长征被迫开始了。很多红军小战士根本不知道这次一出发就根本回不来了,更不知道这次一出去就是二万五千里长征。最可怜、最可惜的是我们的那些女红军。她们的故事构成了长征历史上最为惨烈的篇章。

80 多年过去了,我们还能想到这些军人的存在吗? 我们还能听到这些呼号之声吗? 我们今天在享受着和平和幸福,还能想到那一代军人为我们所作出的巨大牺牲吗? 在长征这一路上,我听了太多感人的、催人泪下的故事,我脑子里就在想一句话:浩瀚的历史长河当中,我们缺故事吗? 我们缺英雄吗? 我们不缺,但是没人跟我们讲,没有人跟我们的孩子们说这些故事了。我有一个美国朋友,一个36岁的男人,一个纪录片的导演,他听完我的这段故事,双手颤抖,他指着我问:"你们中国的导演为什么拍不出这样的电影来?这堪称世界大片呀!"

共和国的开国中将钟赤兵①将军,长征时他年仅21岁。在指挥娄山关战役时小腿被机关枪打碎,骨头渣黏着骨髓、黏着肉泥、黏着血衣在地上拖出两米多长的碎肉条。他跪着指挥战斗。战斗结束后被送到后方医院。小伙子央求医生把他的碎腿治好,他知道以后还有漫漫的长路要走,他不能没有腿。医生一看,说他的腿根本就没法接,只有锯腿了。钟赤兵说什么也不干,愤然起身单腿点地,拖着一堆碎肉在医院的院子里到处跳,见到医生就躲。最后,他被几个医生围在墙角,没办法,他拔出手枪说:"你们谁敢锯我的腿,我就开枪!"结果,还是周恩来做通他的工作:"你的腿要是不锯,你的命都保不住。"最后万般无奈,他只能被迫接受锯腿。可是当时红军缺乏医疗器械,只能从老乡家借了一把木锯,放在开水锅里煮一煮。没有麻药,让几个战士把他摁住,用脚踩住他的腿,生生地将他受伤的小腿给锯下来。过了几天,伤口开始感染化脓发炎,他的大腿肿得像水桶一样粗。医生一看没办法,只能进行第二次锯腿。第二次还是那把木锯,还是没有麻药,还是几个战士把他摁住,用脚踩住,把他膝盖以下的腿给锯下来了。没几天,他的伤口又开始感染,又开始化脓又开始发炎,医生没办法,只能三锯其腿。医生一边锯一边流着眼泪说:"你不能再感染了,你下次再感染我可不能锯你的腰!"最后,从大腿根把他的腿全给锯掉。钟赤兵将军就用一条腿走完了长征全程。钟赤兵刚刚被锯完腿,就遇到敌军轰炸,担架员当场被炸死,他整个人和担架被炸飞。他没有腿,躺在地上动弹不了,完全被暴露在炮火轰炸之下,就在时候,一个女战士奋不顾身地趴在他身上,用自己的身体挡住了17枚弹片。最严重的一枚弹片从后腰一直划到了肩膀,把整个后背的肉都掀起来了,她被活活炸成了一个血人。这位女战士就是毛泽东的夫人贺子珍,而贺子珍当时刚刚生完孩子不到一个月。她以一个产妇之躯捍卫了一个共和国中将的生命。1955年钟赤兵将军被授予中将军衔,他曾经对全家老少说过这么一句话:"贺大姐就是我再生的妈妈,你们谁敢说她半个'不'字,我是可以拼命的。"

最绚烂的人性之花,在战争中,在长征的路上怒放,我有太多的故事,但是今

---

① 钟赤兵,原名钟志禄。湖南省平江县人。1929年加入中国共产主义青年团,1930年转入中国共产党,是久经考验的忠诚的共产主义战士、无产阶级革命家、中国人民解放军优秀的军事指挥员和政治工作领导者、中国人民解放军高级将领。1955年被授予中将军衔,荣获一级八一勋章、二级独立自由勋章、一级解放勋章。1975年12月20日在北京逝世,终年61岁。

第七章 一个人的长征

天更想跟你们分享一句话：受苦受难是一首人生的悲歌，恰恰也是人性绽放的光辉时刻。我们共和国的历史，不是在风平浪静、莺歌燕舞中走来的，是付出了艰辛的，是苦难中煎熬的辉煌，伟大是煎熬出来的。

有一个人物我始终没有讲，长征中的毛泽东。中国历史对毛泽东的选择不是哪个人指定的，是在一场场血与火的考验当中，一场场败仗当中最后完成了对领导人、对领袖的选择。这个过程历经了 14 年。长征对中国共产党、对人民军队是一个锻造的过程。长征创造出这样一支军队，这样一个党。毛泽东在《中国的红色政权为什么能够存在?》中明确指出："在半殖民地半封建的社会里出现了各地不同的军阀，军阀之间的相互战争是持续不断的，而这种持续不断的战争只要延续下去，那么红色政权在夹缝中生存的可能性必然是无疑的。"这在当时是石破天惊的发现，中国共产党能在一次次的战争中走向胜利，一步步走向胜利，因为它把住了当时中国最本质的命脉！

在长征过程中，蒋介石虽然号称是中央军，但真正能把控的地方主要限于江浙和上海一带，而大半个中国都不是蒋介石所能完全掌控的。从南方来说，广东是陈济棠的，广西是白崇禧、李宗仁的，湖南是何健的，贵州是王家烈的，四川是刘湘的，云南是龙云的，等等。蒋介石在"围剿"红军的时候，他盘算着要把红军赶到各个军阀的控制范围之内，让红军与军阀两败俱伤，然后顺手也把这些地方军阀干掉，这是蒋介石的如意算盘。所以在长征中，红军如何利用各地军阀派系之间的矛盾，突破敌军的围追堵截，挽救革命，挽救军队，挽救党，就成了考验领袖人物的试金石，毛泽东就这样一步步被推到了历史的前台。

长征一共穿越了中国 15 个省区[①]，翻越了 20 多座崇山峻岭，其中有 8 座都是在世界屋脊上的雪峰之山，渡过了 30 多条峡谷大江，在不到两年的时间里遭遇了 400 多场夺命的战斗，平均每三天发生一场激烈的遭遇战。这组数据说明，长征是人类历史上罕见的不畏艰难险阻的一场远征，以巨大的牺牲换来了最后的胜利。有机会咱们可以到整个若尔盖草原去瞻仰，这是红军过草地的地方，你们可以看到雕像：草地上，大批的战士被活活淹死，更多的红军被活活地饿死。很多红军饿得没办法，只能把身上的皮带、马鞍子割成碎条，然后放在火上烤一烤，生嚼硬咽。很多的红军女战士，因为成天泡在冰冷的雪水中永远失去生育能力，非

---

① 1934 年 10 月后，中央红军开始战略转移，踏上漫漫长征路。按照当时行政区划，红军各部队共途经 14 个省份，即江西、福建、广东、湖南、广西、贵州、云南、四川、西康（今分属四川和西藏）、青海、河南、湖北、甘肃、陕西。按照现在的行政区划，去掉西康省，加上宁夏、重庆，共 15 个省、区、直辖市。

常惨烈。

下面是王平上将在家给我讲的故事：当年红军大部队已经走出草地，但彭德怀说还有一个营的部队没有出来，让王平回去找。王平老将军远远地走到班佑河的河边发现一百多个红军战士在草地上背靠着背地坐着，他以为战士们在睡觉。跑到跟前去看，全部被活活冻死了。一夜之间全被活活冻死了。他们死亡的姿势都是一样的，背靠着背，宛若沉睡、宛若群雕。老将军把这些战士一个个放倒，一个个放平，很多战士都还是娃娃。

我在江西于都遇到一个老爷子，他告诉我："当时86 000个红军战士走上长征路，300米倒一个，全都死在路上了。你这一路是去看望他们的，是去祭奠他们的，他们都会起来帮你的，你不要怕，大胆地往前走！"老爷子的话让我特别难忘。

一位藏族大妈也让我终生难忘。在四川的马尔康一个叫卓克基的小镇子，我遇到了这位大妈。第二天我走的时候，大妈突然小跑着出来，用藏族话对我说了一句话："小伙子，今天是中秋节，你吃月饼了没有？"我说："大妈，没有月饼。"大妈又一路小跑回家，切了一个三角大饼，夹了一个煎鸡蛋，拿了一杯牛奶，一路小跑追出来，把吃的喝的塞到我的包里，然后拍着我的后背暖暖的说了一句话，让我永生难忘。她说："小伙子，你慢慢地走，饱饱的去找红军吧。"我真的想把这句话作为我书的名称："饱饱的找红军。"我们走到了今天，我们吃饱穿暖喝足了，我们富强富裕了，我们还需要长征吗？还需要找红军吗？这是我在路上经常思考的问题。

四、一个人长征的意义

结束长征之旅之后，2015年我带着一个纪录片摄制组在俄罗斯拍摄纪录片。那天，我看到了俄罗斯的新娘子。俄罗斯的新娘子在她们人生最美的那天，都把自己打扮得像天仙，像仙女一样，披着婚纱手捧鲜花。但是我看到了，这些新娘子和自己的新郎排着长队络绎不绝的给无名烈士纪念碑去献上一束鲜花！我从黎明看到黄昏，看得泪流满面。我在想：我们共和国的后代，我们的孩子们会这样做吗？我们结婚除了比谁家给的钱多，谁家的车队更长，除了炫富和拜金之外，我们还能干什么？所以说，朋友们，我们现在经常说培养我们自己做贵族、做精英。什么是贵族？什么是精英？你以为你天天生活在酒池肉林当中，你以为你开着豪车住着豪宅你就是贵族了吗？你差得远了。大家知道，一些国家的王子、王室也

第七章 一个人的长征

是以炫耀奢靡生活为耻的,他们最得意最炫耀的是当国家有难的时候,他们的王子是接二连三地站到前线去,这才叫贵族。我在路上感受至深的一句话,叫作"担当是人们崇尚的贵族精神之核心"。精神上的担当,为国家的担当,为理想的担当,这是一代精神贵族。我想分享一句话给大家:"要树立一个单一而坚定的目标,反而能成就一段幸福的旅程。"这是我在路上感受到的。我觉得我在城市里的生活有很多的不快乐、有很多的纠结都是来源于我的选择太多了。长征路上漫无人烟,当你走上羊肠小道就没有别的选择了,你只有沿着这条羊肠小道走下去,才能走到下一个村庄。当你在路上饿得饥肠辘辘的时候,你没有吃的,走到又脏又破的饭馆里没有吃的,只有一碗粉,就是你明天的干粮,你没得选。后来我突然间发现,没得选,远方的目标反而更加清晰和明确。这是我在路上至深的感受。

经过1年零9天的行走终于到达了终点陕北吴起镇,到达那天让我特别难忘。竟然有100多个朋友,来自10个城市,大家在微信上拉了一个朋友圈,然后约好了飞到终点来跟我会师!我到达终点以后大家带着花环、香槟,一片喧闹之声,别人都不知道广场上发生了什么事。可是我当时最清晰的感受是眼前一切恍惚,像在做梦一样,我觉得这都是不真实的感受,我一点都不兴奋。很多朋友说:"左力,你都到终点了,你应该感到开心!"我一点都不兴奋,甚至感到有点伤感。我当时不明白我为什么会伤感,今天我理解了,是因为我到达终点了,我突然意识到,我到达终点了,明天我去哪里?我暂时没有目标了。那种没有目标的茫然感,让我当时感到有点伤感。朋友们当时正在喧闹当中,我跟他们说了一句话:"你们能不能给我一分钟的安静时间,我想跟纪念碑里面的人讲几句话。"他们有些人马上说:"左力要还愿了,要还愿了!"大家给我让出了一条很长的通道。我一直走到台阶的最高处,顶端的台阶上,我站在上面,烈士纪念碑前面,我也不知道是谁给我手里塞了一束鲜花,我也不知道我为什么会有这么虔诚的感情。我把鲜花默默地捧在脸前,花的清香沁人肺腑,我闭上眼睛,眼前是一片的宁静。那时候我突然意识到我内心充满了感恩,我在想长征这一路有多少的朋友一路上给我加油,给我一种加持的力量;我在想当年红军的英灵们也一路上陪伴着我,让我平安地到达终点。我把鲜花放在纪念碑上的一刹那,我忽然间有个重大的收获,突然间意识到长征给了我第三条命。我们来到世界上,我们吃饱了、穿暖了、喝足了,那是我们的性命。我们有文化,有情怀地活在世界上,这也是我们的生命。这两条命,可能更多的只关乎我们个人的感受和享受。而我觉得最重要的是第三条命,我们为什么来到世界上?我们每个人都是有使命的。我突然间意识到从性命到生命到使命，这是我们一生的三条命，就是长征给了我第三条命。我想把国家的历史、英雄的故事去讲给千千万万的孩子们听，我的心中产生了一个使命感。当我把鲜花放在纪念碑的台座上，向烈士鞠了三个躬以后，一个让我永生难忘的画面出现了。我那100多个朋友，还有当地的居民，外地的游客，几百人没人组织没人号召自发自觉自愿地在我背后排成一列长长的队伍。他们每个人手里拿着一朵鲜花，没有花的拿着一株野草，有白发苍苍的老奶奶，有不懂事的小孩子。让我特别难忘的，是90后的一对小情侣，他们背着双肩包，大概是从远方旅游到这儿的。当他们看到队伍的时候，没有说话，无声地汇入到队伍当中。他们手里没有花，拿着一株小野草双双站在烈士纪念碑面前，为我们的烈士鞠了三个躬。看到这个场面，我再也抑制不住了，我冲到纪念碑后面一个没人的角落，蹲在地上，热泪长流。我那时在想，长征这一路我吃那么多苦，受那么多难，我不想在别人面前讲这些，我觉得那只是我个人内心的感受。可是我看到这个场面出现的时候，我突然间明白，我在长征路上，我所有的付出，是值得的。

我在到达终点的那天晚上很激动，我在我的本子上写了两句话：因为我们缅怀，所以我们向往，因为我们雄壮，所以少了忧伤。我特别在那天晚上给深圳百事达的小朋友写了一张明信片，写了两句话，我说："孩子们，天方，因为简单而心神悠远；地阔，因为善良而大道平坦。"我希望孩子们能做个简单善良的人，那样会走得更为长远。"长江有意化作泪，长江有情起歌声，历史的天空闪烁几颗星，人间一股英雄气在纵横驰骋。"英雄是国之干，是我们国家灵魂的传承，谁敢说，长征那一代追风少年不美好、不安宁、不富足、没有个人价值？他们为共和国理想的付出和牺牲成为我们永久的精神的核心和力量。所以说，"个人有记忆，知道亲、知道痛；国家有记忆，知归途，识来路"。后来我回味自己在长征路上的很多照片，我很激动，我在我的本子上写了两句话，一首小诗。我不会写诗，但是我想分享给你们："今天就出发吧。趁世界还不拥挤，趁脚下还有记忆，趁月老还能相惜，趁过往还在梦里。"

1936年，红军三大主力在甘肃会宁胜利会师，经过两年艰苦卓绝的斗争，长征到达终点，长征胜利结束。英雄们大都已经作古，但是长征的精神万古流芳。我觉得我们在今天共同分享长征精神，这是永生难忘的一个经历。在今天这个时代，我们虽然可能成不了时代的英雄，但是我们可以成就英雄的梦想！

第七章 一个人的长征

资料拓展

1. 长征过程：1934年10月，第五次反"围剿"战争失败后，中央红军主力被迫撤离江西革命根据地，准备与二、六军团会合，沿途突破敌人四道封锁线，兵力损失五万余人。12月，黎平会议召开后，红军改变会合计划，向贵州腹地进发。1935年1月，红军攻打娄山关，占领遵义城，召开政治局扩大会议，毛泽东在中央的领导地位也开始确立。会后，红军四渡赤水河、巧渡金沙江、强渡大渡河、翻越夹金山。6月，与红四方面军会合，开始与张国焘的分裂主义作斗争，左路军走过人迹罕至的草地。随后，红一、三军团和军委纵队继续北上，攻克天险腊子口，翻越六盘山，到达吴起镇与陕北红军会师，中央红军长征宣告结束。1936年10月中国工农红军第一、二、四方面军在甘肃省会宁地区会师，红军宣布长征胜利结束。

2. 长征影响：1934年10月，中国工农红军开始离开江西瑞金进行战略大转移，至1936年10月止，红军走过了赣、闽、粤、湘等15个省（自治区、直辖市），经过了五岭山脉、湘江、乌江、金沙江、大渡河以及雪山草地等万水千山，行程达两万五千里。这就是举世闻名的二万五千里长征。长征，在人类历史上前所未有，极其伟大。它创造了无与伦比的英雄业绩，谱写了惊天地、泣鬼神的伟大革命诗篇。它是中国革命史上的奇迹，世界军事史上的伟大壮举。它在世界人民的心中，早已成为一部不朽的英雄史诗。"红军不怕远征难，万水千山只等闲"。万里长征不仅留下了四渡赤水、强渡大渡河、过草地、翻雪山等一幅幅鲜活的历史画卷，更为我们留下了不朽的长征精神。

3. 长征精神：长征精神是中国共产党在二万五千里长征中创造的革命精神。1934年至1936年中国工农红军经历的二万五千里长征是人类战争史上的奇迹。红军指战员在长征途中表现出对革命理想和事业无比的忠诚、坚定的信念，表现出不怕牺牲、敢于胜利的无产阶级革命乐观主义精神，表现出顾全大局、严守纪律、亲密团结的高尚品德，创造了伟大的长征精神。集中体现为：坚忍不拔，自强不息，勇往直前。最显著特点是"一不怕苦，二不怕死"的革命英雄主义精神。长征精神是中华民族百折不挠、自强不息的民族精神的最高表现，是保证我们革命和建设事业从胜利走向胜利的强大精神力量。

4. 弘扬长征精神的意义：长征精神是不畏艰难，不怕困苦，不怕流血牺牲的革命英雄主义精神。弘扬长征精神有利于弘扬民族精神，加强思想道德建设，为社会的全面进步提供精神动力，促进精神文明的建设与发展，可以使人们正确认识历史,珍惜今天来之不易的和平生活,有利于发扬艰苦奋斗和艰苦创业精神,鼓舞广大人民为实现小康社会而努力奋斗。

参考文献:

1. 王树增.长征[M].北京:人民文学出版社,2016.
2. 吴迪.长征1934—1936[M].上海:上海人民出版社,2017.
3. 丁玲.红军长征记(上下册)[M].桂林:广西师范大学出版社,2017.
4. 石仲泉.长征行[M].上海:上海人民出版社,2016.
5. 罗开富.红军长征追踪[M].北京:经济日报出版社,2005.
6. 中共中央党史研究室第一研究部.红军长征史[M].北京:中共党史出版社,2016.
7. 左力.一个人的长征[M].上海:文汇出版社,2015.
8. 李润波.长征记忆[M].广州:广东人民出版社,2016.
9. 沈邢台.长征128壮士之歌[M].广州:羊城晚报出版社,2018.
10. [美]索尔兹伯里.长征:前所未闻的故事[M].朱晓宇,译,北京:北京联合出版公司,2015.

第八章 历史上中国对世界文明的贡献①

导语

中华文明在历史上曾对世界文明发展作出重要贡献。中华文明在5 000多年不间断的历史传承中兼容并蓄、创新升华。中华人民共和国成立,特别是改革开放以来,中国坚持保护和传承中华优秀传统文化,推动中外文明交流互鉴,为人类文明进步作出了积极贡献。习近平总书记在联合国教科文组织总部发表的重要演讲中指出:"每一种文明都延续着一个国家和民族的精神血脉,既需要薪火相传、代代守护,更需要与时俱进、勇于创新。中国人民在实现中国梦的进程中,将按照时代的新进步,推动中华文明创造性转化和创新性发展,激活其生命力,把跨越时空、超越国度、富有永恒魅力、具有当代价值的文化精神弘扬起来,让收藏在博物馆里的文物、陈列在广阔大地上的遗产、书写在古籍里的文字都活起来,让中华文明同世界各国人民创造的丰富多彩的文明一道,为人类提供正确的精神指引和强大的精神动力。"②

一、中华文明的主要特点

距今5 800年前后,中国黄河、长江中下游以及西辽河等区域出现了文明起源迹象。距今5 300年以来,中华大地各地区陆续进入了文明阶段。距今3 800年前后,中原地区形成了更为成熟的文明形态,并向四方辐射文化影响力,成为中华文明总进程的核心与引领者。除了中华文明以外,在世界各地也形成了一些区

---

① 主讲者简介:胡银平,上海建桥学院马克思主义学院教师,博士。主要担任《中国近现代史纲要》《思想品德修养与法律基础》等课程的教学与研究工作。曾主持上海高校青年教师培养资助项目、上海市教委学校德育实践课题、上海市民办高校党建与思政创新项目等课题。曾获上海建桥学院"优秀共产党员"、教职工雷锋金奖、上海建桥学院教学竞赛一等奖、上海市青年教师教学竞赛优秀奖等荣誉称号。
② 2014年3月27日,习近平在联合国教科文组织总部演讲内容节选。

域性的文明中心。文明是历史概念,文明的重要标志是国家,国家诞生的标准是城市,城市和国家和文明之间关系密切。夏朝是中国的第一个国家,严格来说中国真正的文明,是从夏朝开始的。古埃及、古巴比伦、古印度、中国并称世界四大文明古国,但除了中国绵延至今,其他文明已经中断。古埃及只剩下雄伟壮观的金字塔。古印度历史上多次被外来势力入侵,文明被迫中断。佛教诞生于古印度,但是今天佛教在印度几乎没有影响力。古巴比伦留给人们的印象只剩空中花园。中华文明的主要特征,概括来说就是多元一体、兼收并蓄、绵延不断。中华文明早期发展过程是从多元到一体,也是兼收并蓄的,既有中华大地不同文明之间的兼收并蓄,也有对外界的,包括中亚、西亚文明的兼收并蓄。中华文明是个开放的文明,有着很强的融合吸收能力。中华文明能够延续至今,原因很多,主要有几种观点:第一,跟中国的地理状况有关系,中国东部和南部都是大海,西部是喜马拉雅山和昆仑山,地理上相对环境比较封闭,外来势力入侵我们很难;第二,中国境内地大物博,物产丰富;第三,中国文明包容性很强,善于改造,善于吸收,不断吸收外来文化的精华,交流借鉴是中华文明的重要特征。

二、中华文明对世界的贡献

中华文明对世界文明作出的重要贡献主要体现在四个方面。第一是科学技术,以四大发明为代表的科学技术是中国引以为傲的重要的科技标志;第二是思想文化,中华文化博大精深,包括道家、法家、儒家等思想和文化;第三是宗教艺术,古代中国在宗教和艺术方面对世界的贡献很大;第四是对外交流,陆上丝绸之路和海上丝绸之路持续近 2000 年,源源不断地将中国的丝绸、茶叶、瓷器运到东南亚、中东、北非和遥远的欧洲。中国对世界文明的发展发挥了直接和间接的推动作用。

科技方面,以四大发明为代表的中国古代科技在人类文明史上发挥了重要作用,极大促进了人类文明的发展,是中国成为文明古国的重要标志。"四大发明"最早是什么时候被提出来的,现在学术界没有确定的说法。一般认为,首次把火药、印刷术、指南针这三项科技发明列在一起论述的是英国文艺复兴时期的著名学者弗朗西斯·培根。英国科技史专家李约瑟在《中国科学技术史》中提出了中国古代造纸术、印刷术、指南针、火药等四大发明,让国际社会知晓了中国古代在科技文化方面取得的巨大成就,这是中华文明对世界文明发展作出的重大贡献。

四大发明是指南针、造纸术、火药、印刷术。指南针最早叫司南,利用磁铁的自然属性,成为能够辨别方向的重要工具。到宋代,被制成罗盘,用于航海等。哥伦布依靠指南针带领船队绕地球一圈又回到了西班牙,证明了地球是圆的。如果没有指南针,在茫茫的大洋中航行是不可能的。指南针的发明,对世界文明的影响和促进作用非常大。造纸术的产生是一个漫长过程,严格来说东汉的蔡伦不是发明了造纸术而是改进了造纸术。古代造纸工艺很复杂,不可能靠某一个人就能够独立发明出来,蔡伦在前人的基础上改进了造纸术,造纸术是我国古代劳动人民智慧的结晶。中国造纸术传到欧洲之前,欧洲人把字写在羊皮上。纸的发明促进了文化的传播,促进了知识的交流,推动了人类思想文化的进步。纸的发明是中华文明对世界文明的重要贡献。

道教是中国土生土长的宗教,追求长生不老。火药的发明和古代道士炼丹有关系,公元前2世纪我国已有炼丹术的记载。恩格斯认为炼丹术是"化学的原始形式"。炼丹术客观上为化学积累了不少知识,对化学、冶金学、药物学的研究起到了推动作用。中国炼丹术经阿拉伯人传到西方。硝石被阿拉伯和埃及称为"中国雪"。炼丹家的所谓仙丹,其实就是一些矿物质元素的混合物,人吃了以后慢慢会产生铅汞慢性中毒。道士和炼丹家在炼丹过程中,逐渐发现点燃硝石、硫磺、木炭的混合物就会发生剧烈的燃烧、爆炸。为了防止发生意外,他们发明了许多控制这些药物的方法——"伏火法"。唐孙思邈的《丹经》中就记录了这种方法。人们将硫磺和木炭按一定比例配合后能产生威力很大的火药。其后人们逐渐意识到了这种危险混合物的潜在军事价值。经过有意识试验和演化发展,初级火药进一步成为固体火药,成了战场上的有力武器,并很快应用到军事上。宋代的突火枪和火炮在军事上广泛应用,成为战场上的重要武器。这种火药呈黑色,所以叫黑色火药。在很长的历史时期中,黑色火药是世界上唯一的爆炸药。火药的发明改变了人类历史发展的进程。中国的火药制造技术传到欧洲后,欧洲诺贝尔等人加以改进,发明了黄色火药,黄色火药及其各种升级换代的炸药威力更大了。

印刷术是中华文明对世界的伟大贡献。印刷术发明之前,手抄效率很低下,不便于知识的传播。印刷术分为雕版印刷术和活字印刷术。活字印刷术中每个字都可以被拿下来,然后根据需要组合排列。印刷术对于欧洲的影响非常显而易见,西方的多数国家都是信仰基督教的,但是具体对于基督教的形式、教义,很多人没有一个具体的概念。印刷术普及之后,《圣经》被大量地印制出来,《圣经》的广泛传播,让基督教的信仰在信众当中根深蒂固。更多的是学校的教科书被大量地印制出来了，知识变得"便宜"了，也就代表着有更多的人得到了学习的机会，书籍不再是华丽的装饰品或者收藏品了。14世纪欧洲的文艺复兴也得益于造纸术与印刷术的结合。在书籍广泛传播的过程中，标准的语言取代了欧洲各地的方言，每个国家都规范统一了自己的语言，把语言的使用标准写在了书籍上面，加强了人与人之间的交流。印刷术推动了人类社会的知识传播，意义非常重大。

中国四大发明对世界文明作出了突出贡献，尤其对欧洲的影响更为显著。马克思对火药、指南针和印刷术有经典的评价："火药、指南针、印刷术——这是预告资产阶级社会到来的三大发明。火药把骑士阶层炸得粉碎，指南针打开了世界市场并建立了殖民地，而印刷术则变成了新教的工具，总的来说变成了科学复兴的手段，变成对精神发展创造必要前提的最强大的杠杆。"马克思认为中国古代的发明，最大的作用就是加速了资产阶级的形成和兴起。中国古代众多的技术发明，对推动世界文明的发展作出巨大贡献。除"四大发明"外，还有许多发明和创造，经由旅游者、探险家、传教士、留学生和商人等先后传向欧洲和世界各地。如，桅杆也是中国古代的伟大发明，如果没有桅杆，郑和下西洋是不可能的，欧洲的大航海时代也不会到来，也就不会发现新大陆。还有马镫，从中国传入欧洲后，欧洲产生了骑士阶层。这些发明创造对世界的近代化过程起了酝酿、引发和推波助澜的作用。

在中华文明谱系中，中医中药是其中的瑰宝。中国获得第一个自然科学类诺贝尔奖的科学家是屠呦呦。她从青蒿中提取的青蒿素成为治疗疟疾的良药，是中医药与现代医药科学的完美结合。所以说中医药是中华文化的瑰宝，造福中国也造福世界。明朝李时珍的《本草纲目》被翻译成多国文字，中国中药造福全人类。李时珍采取"析族区类，振纲分目"的科学分类，把药物分矿物药、植物药、动物药，其下又再分若干类目，共计分为16部、60类。不论从科学严谨的药物分类，还是从囊括的药物种类来看，《本草纲目》都是具有划时代意义的一部本草著作。达尔文称《本草纲目》为"东方医药巨典、中国古代百科全书、人类绿色圣经"。

明朝时期，商品贸易快速发展，手工业生产技术在当时也处于世界领先地位。宋应星所著《天工开物》是世界上第一部有关农业和手工业生产的百科全书，总结了明末以前的农业和手工业的科技知识。《天工开物》对于中国古代的传统造物方法有翔实的描述，图文并茂，在一定程度上保护了中国古代科技发展的重要成果。17世纪末，《天工开物》传入日本，并成为日本江户时代朝野关注的读物，对日本科技界和经济学界影响深远。此后《天工开物》在东亚、欧洲等地被译成多国文字广泛传播，成为人类共享的精神财富。著名生物学家达尔文读了《天工开物》法文译本后，称其为"权威著作"，英国著名科技史学家李约瑟称赞《天工开物》为"17世纪的工艺百科全书"。

古代中国还有水密舱等很多发明和创造影响深远。有了水密舱，就不怕漏水导致船只沉没，极大程度保证了船舶的安全性，这是中国对世界的重大贡献。古代中国天文历法上的成就和贡献也很突出。中国在公元前240年对彗星的记载，被认为是世界上最早的哈雷彗星记录，从那时起到1986年，哈雷彗星总共回归30次，我国都有记录。1280年元朝郭守敬编订的《授时历》，通过三年多的200次测量和计算，采用365.242 5日作为一个回归年的长度。这个数值与现今世界上通用的公历值相同，而在700多年前，郭守敬能够测算得如此精密，证明中国历法在世界上的重要地位。授时历比欧洲的格里高列历早了300年。

中国古代科技确实发达，但为什么近代世界自然科学和重大发明跟中国没有关系？针对这一问题，有一个著名的李约瑟难题：为什么中国在古代能大幅领先其他文明，却无法在近现代维持它的领先地位？李约瑟难题直到今天还值得我们思考。我个人认为李约瑟问题的形成，并非单一原因所致，而是多种复杂相关因素共同作用的结果。首先，最根本的原因在于中国封建制度的限制性。跟中国儒家文化和科举考试有一定关系，中国古代很少有人去探究自然科学的奥秘，很多人将毕生精力都投入到科举考试中；其次，东亚独特的地理位置有一定影响，中国是地大物博的封闭式国家；第三，华夏文明在元灭宋的过程中遭受到毁灭性打击，是一个突变因素；最后，文化、制度等方面的异化和束缚，中国的很多发明是技术上的，是经验的积累和总结，没有上升到理论程度，最终导致中国近代科学梦想在元、明、清就彻底破灭。

思想文化上面，中华思想文化源远流长。谈到中华文明对世界的影响，一定会涉及儒家思想。儒家思想影响了中国2000多年，还影响了朝鲜、日本和东南亚各国，"华夏文化圈"到唐代已基本形成。近千年中，以中国为中心形成了超越政治、国家与民族的"华夏文化圈"。礼治天下、世界大同的儒家思想，为这个文化圈奠定了共同价值理念，汉字为这个文化共同体提供了语言基础，还有建立在儒学科举、唐朝律令、汉传佛教基础上的共同的政教制度。"华夏文化圈"是当时最先进的文化，是中华文化对世界最大的贡献。

儒家思想中的一些理念和价值观，直到今天仍然还有价值。儒家注重道德修养，倡导仁者爱人，己所不欲勿施于人，民无信不立等。这些观点深入人心，获得广泛认同。儒家思想除了对邻国产生深远影响外，对遥远的欧洲也产生较大影响。从汉朝到隋唐，日本派出大量留学生到中国学习中华文明。日本人衣食住行和为人处世等方面都深受中国儒家思想和文化熏陶。华夏文化圈在历史上影响非常大，周边国家融入了华夏文化圈，就等于接受了当时最先进的文化。20世纪60年代开始，深受儒家文化影响的韩国、新加坡、中国台湾、中国香港（亚洲四小龙）开始崛起，引起世界对儒家思想文化的重新思考和再审视。这四个地方有一个共同特点，在二战中受到战争破坏，经济落后。但从20世纪60年代开始，纷纷走上了经济快速发展的道路，成为新兴经济体。四小龙崛起的原因很多，其中一个很重要的原因是注重加强教育，重视传统儒家思想在思想道德建设方面的积极作用。例如注重对国民进行孝道、集体意识、公平和正义的教育，加强了社会凝聚力。台湾地区对中国传统文化的继承和发展，有些方面做得比较好。总之，四小龙吸取了儒家思想和文化中很多有益的营养。对待中国传统文化，我们也有过教训。特别是所谓的"文化大革命"，对传统文化的批判走向极端，造成不可估量的损失，我们应该进行深刻反思。

中华文明对欧洲文明及文艺复兴产生了众多积极作用和贡献。16世纪后，随着欧洲传教士来到中国，对中国有了一定程度的了解，又将一些译作带回欧洲，使欧洲人对中国文化产生了浓厚兴趣，也让当时的知识分子在中国传统文化及儒家思想中找到了诸多共鸣之处。当时欧洲的哲学家正反对宗教蒙昧主义和封建专制，提倡用理性思考，儒学似乎为他们带来了思想的曙光。以孔子为代表的儒家思想曾深深影响一代启蒙思想家们，使他们从中摄取精神和思想灵感，并对儒家思想中的符合当时思想需求的价值理念进行抽象改造，最终建构起西方现代文化的基础。欧洲文艺复兴时期，中国哲学思想和儒家文化被欧洲哲学家所吸纳，比如民本思想。孟子说："民为贵，君为轻，社稷次之"，这是典型的民本思想。唐朝魏徵对唐太宗说："载舟覆舟，所宜深慎。"明确指出，老百姓就像水，水可以载舟，也可以覆舟，统治者应对人民谨慎敬畏。这些民本思想传到欧洲以后，对欧洲资产阶级文艺复兴以及对法国资产阶级大革命都起到了思想启蒙作用。中国传统文化特别重视教育，注重道德修养，强调因材施教、有教无类，欧洲近代分类教育思想受到中国儒家教育思想的启发。法国启蒙思想家伏尔泰对中国评价相当高，他说欧洲哲学家在东方发现了一种新的精神。欧洲在文艺复兴时期盛行重商主义，为了赚钱不择手段，中国儒家思想恰恰相反，重义轻利。

欧洲哲学启蒙运动开始时，孔子已经成为欧洲的名人。一大批哲学家包括莱布尼茨、沃尔夫、伏尔泰等思想家和哲学家,都用孔子及儒家思想来推动他们的主张。伏尔泰为了完成反对宗教神学的思想启蒙运动,不仅提出学习儒家思想,甚至把耶稣像改为孔子像,朝暮礼拜。伏尔泰痛恨黑暗的教会对欧洲进行的思想专制,希望用儒家思想当作摧毁旧体制的武器。他惊奇地发现,中国的宗教是理性的宗教,中国人的神不是主导世间一切的全能神,而是作为天地运行原理的神,儒家思想的"先进"之处在于不注重描绘灵魂的审判和来世的生活,而是着眼于现世生活和伦理道德秩序的构筑。伏尔泰想要构建的,正是一个平等自由、共谋公共事业发展的和谐社会,维系这种社会的正是伦理道德和社会成员的善行。他主张用道德的神取代基督教的神,儒家思想则正是他苦苦找寻的以理性为上帝的道德性的宗教。因此伏尔泰认为,中国儒家思想和精神让长期处中世纪宗教黑暗统治下的欧洲人打开了眼界;人类的文明和技术的发展都是从中国开始的。他还认为,中国人是最有理性的,因为中国儒家思想主张存天理灭人欲。欧洲宗教改革之后,欧洲人开始追求个人权利和自由,宗教不能随意控制或者钳制民众思想,民众开始从神学控制中解脱出来,促进了近代自然科学的产生和发展。所以中国儒家思想和文化传入欧洲,给欧洲资产阶级启蒙思想家提供了锐利的思想武器,向宗教神学发起有力冲击,给资产阶级文化的发展灌输养分,为资产阶级革命大造舆论。正因为如此,中国的儒家思想和文化对欧洲的启蒙运动和资产阶级大革命起到了促进作用,这也是中华文明对世界文明的重大贡献。

宗教和艺术方面,中国也对世界作出了重大贡献。佛教尽管起源于印度,但佛教的延续和发展,中国是有巨大贡献的。中国人对佛教文化的贡献是长期的、巨大的、不可替代的,是具有世界意义的。正因为有了这样的贡献,佛教才能从一个地方宗教发展成为亚洲宗教,进而发展成为世界宗教。概括来说,中国对佛教及佛教文化的贡献,主要表现在三个方面:一是保存了佛教文化资料。中国人翻译域外佛教典籍,最主要的是汉语翻译和藏语翻译,构成了人类历史上伟大的文化创造工程,成为人类文化交流史上的奇迹。汉译佛经的来源不仅有古印度的梵语、巴利语文献,还有数量众多的中亚各民族语言的文献,从而能够最大限度地反映古代亚洲多民族的佛教情况。大家看《大唐西域记》中的描述,古印度的寺庙破败不堪,玄奘将佛教经典带回长安,翻译成汉文。玄奘取经事实上保存了佛教经典。现在中国已经成为世界佛教中心,佛教在中国得到传承和发展。二是弘扬了佛教文化。中国对佛教文化的一项重要贡献是弘扬了佛教文化,主要包括"求法取经"和"弘法传经"两个方面。"求法取经"是指中国人把域外佛教文化传到中国,"弘法传经"是指中国人把具有中国特色的佛教文化发扬光大并传到其他国家。中国人通过把梵文、巴利文及古代西域多种民族文字的佛典翻译成汉文,本身就是进行了一次文化上的再创造,同时又经过与中国传统文化相结合,创造了新经典、提出了新思想,形成了有中国特色的佛教。"求法取经"是创造性地接受古印度的宗教经典和思想教义,"弘法传经"是传播中印两国文化融合后的宗教文化成果和思想结晶。"弘法传经"的过程不仅仅是传播佛教文化的过程,也是以佛教文化为载体,全面弘扬、传播中华文明的过程。三是丰富和发展了佛文化。中国丰富发展佛教文化的过程,本质上是用中华固有文化对域外佛教文化进行变革、重塑、熏陶和滋养的过程。以汉传佛教为例,域外佛教文化与中国儒家文化和道家文化相融合,形成了具有中国特色的汉传佛教文化。没有中华文化的加入,现在世界佛教就不会有那么多丰富多彩的内容。佛教与中国文化相结合,完成了佛教的中国化,形成了净土宗、天台宗等佛教派别。

总之,中国在佛教经典和佛教文化的保存、丰富、弘扬等方面作出的巨大贡献,为今天中国文化走向世界提供了可资借鉴的历史经验和文化自信。

中国古代艺术成就是瓷器,瓷器主要分日用品瓷器和艺术品瓷器两大类。"中国"翻译成英语是"China",本意就是瓷器,可以看出瓷器对于中国的意义。

文艺复兴时期乔凡尼·贝利尼(1430—1516)的画作《诸神之宴》中女神和男神手中和头上都是中国瓷碗。大家可以感受到瓷器在当时欧洲人心中的地位。中国其他方面的艺术成就也非常多,比如青铜器和玉器都是杰出代表。

对外交流方面,古代丝绸之路和海上丝绸之路是连接世界的文明之路。公元前2世纪,陆上丝绸之路连接了长安和罗马,既运输着货物,也传播着思想和文化,将当时已知的文明世界紧紧联系在一起。长安是当时东方文明的中心,罗马是西方文明的中心,丝绸之路将古代最发达最灿烂的两个文明联系起来,丝绸之路是中国人主导开拓的。中国主动对外交流,极大地促进了世界文明的进步。唐中期,陆上丝绸之路因战乱而衰落,海上丝绸之路随着中国经济中心的南移而兴盛,到宋元时期进入鼎盛期。唐朝的首都长安是世界之都,长安城里有东市和西市,商品经济发达。波斯贵族、大食药材宝石商人、日本留学生、东非或爪哇的"昆仑奴",同居一城;阿拉伯的鸵鸟、天竺的孔雀、波斯的铜器、爪哇的犀牛、高丽的纸,在同一市面;佛教徒、道教徒、景教徒、摩尼教徒与避难的伊斯兰教徒在毗邻的寺庙里礼拜。毫不夸张地说,那时中国就是世界文明的中心。在海上丝绸之路的贸易中,阿拉伯商人成为东西方贸易的中介。唐朝在广州设立市舶司,阿拉伯人和波斯人很多,高峰时人数超过 10 万,史称"蕃客",居住的地区叫蕃坊。广州的怀圣寺是中国最早的清真寺之一,由阿拉伯商人捐资兴建。

海上丝绸之路的兴盛,充分证明开放才有活力,只有开放,市场才能繁荣,经济才能活跃。"南海一号"是中国海上考古的重大发现,打捞出来的瓷器等文物七八万件。"南海一号"只是海上丝绸之路从事海上贸易活动的一艘普通商船,在航行不久后就不幸沉没,如果这次航行顺利的话,船上所载瓷器就将运到东南亚或者遥远的中东。历时 1 000 多年的海上丝绸之路,既推动了中华文明的发展,同时也是中华文明对世界文明的贡献。中国沿海众多港口城市都随着海上丝绸之路的兴盛而发展起来,如泉州、广州、厦门、宁波等沿海城市。

丝绸之路除了吸引阿拉伯人、波斯人来到中国以外,同时也深深吸引了欧洲人。欧洲人想了解中国和中国文化,也希望来到富足的中国寻求财富。因此出现了一个西方人来华的群体,包括传教士、旅行家和商人等。其中最著名的是意大利旅行家马可·波罗[①]。马可·波罗在中国先后游历十多年,元朝皇帝接见了他。回到欧洲之后,马可·波罗辗转来到意大利威尼斯城,这是意大利一个重要的城市。在威尼斯由马可·波罗口述写作了《马可·波罗游记》,全面地介绍了中国,描述了中亚、西亚、东南亚等地区许多国家的情况,其重点部分是关于中国的叙述,以大量的篇章、热情洋溢的语言,描述了中国无穷无尽的财富,巨大的商业城市,极好的交通设施,以及华丽的宫殿建筑。这些叙述在中古时代的地理学史、亚洲历史、中西交通史和中意关系史等方面,都有着重要的历史价值。这本书把中国吹上了天,说中国是物质世界的天堂,山川河流上桥梁众多,货物堆积如山,甚至城市里的树都被裹上了绸缎。这些描述激起了欧洲人对东方的无限遐想,推动了日后世界大航海时代的到来。欧洲人远洋航行,其最根本的动因是对财富的渴望。中国的富裕和文明对西方产生了巨大的诱惑。马可·波罗认为刺桐是当时世界上最大的港口,刺桐即福建泉州。海上丝绸之路带来的空前商业繁荣为泉州带来了丰富的异域文明,远航的商人在此定居,留下了他们生活的印迹。常年被此浸润的当地居民,也逐渐接受了许多外来文化,使泉州这座偏居一隅的海滨港

[①] 马可·波罗(Marco Polo,1254—1324),世界著名旅行家和商人。出生于意大利威尼斯一个商人家庭,也是"旅行世家"。马可·波罗于 1275 年到达元朝首都上都(今内蒙古多伦县西北)。他在中国游历 17 年,曾访问中国的许多城市。回到威尼斯之后,马可·波罗在威尼斯和热那亚海之间战争中被俘,在监狱里口述自己的旅行经历,形成后来的《马可·波罗游记》。《马可·波罗游记》又名《马可·波罗行记》《东方见闻录》,记述了马可·波罗在中国的所见所闻,后来在欧洲广为流传,激起了欧洲人对东方的向往,对日后新航路的开辟产生巨大影响。

口,迅速成为当时最国际化的中国城市。

中国和中华文明在西方的影响在世界名著《堂吉诃德》①中也有反映。作者在《堂吉诃德》序言中写道:"急着等堂吉诃德去的是中国的大皇帝,他一月前特派专人,送来一封中文信,要求我或者说是恳求我把堂吉诃德送到中国去,他要建立一所西班牙语文学院,打算用堂吉诃德的故事做课本。"堂吉诃德也说自己骑着一匹瘦马,拿着一杆长枪走遍天下,是因为中国皇帝请他去中国。他说他一个月前中国皇帝给他写了一份中文信,这肯定是他自己胡说。中国皇帝不可能认识他,更不可能给他写信。其实堂吉诃德只是将自己与中国联系并引以为荣。由此可见,当时中国在欧洲的影响力很大,欧洲人对东方的中国充满了景仰之心。

郑和②下西洋是明代永乐、宣德年间的一场海上远航活动,首次航行始于1405年,末次航行结束于1433年,共计七次。郑和是明朝明成祖时的一个太监,回族人。郑和下西洋的原因有多种说法。第一种说法是寻找建文帝。明成祖是夺了侄子建文帝的皇位做了皇帝。建文帝逃离时在皇宫里放了一把火,人不知去向。有学者认为明成祖朱棣派郑和下西洋是为了去寻找逃亡海外的建文帝。第二种说法是明成祖为了炫耀明朝的威德。郑和下西洋共有七次,规模巨大,航线从西太平洋穿越印度洋,曾到达过爪哇、苏门答腊、苏禄、彭亨、真蜡、古里、暹罗、阿丹、天方、左法尔、忽鲁谟斯、木骨都束等30多个国家或地区,最后到达西亚和非洲东岸,开辟了贯通太平洋西部与印度洋等大洋的航线。当时明朝在航海技术、船队规模、航程距离、持续时间、涉及领域等均领先于同一时期的西方,创造世界航海史的奇迹。郑和七下西洋航行比哥伦布发现美洲大陆早87年,比达·伽马要早92年,比麦哲伦早114年。《明史》记载,郑和奉永乐皇帝之命,率领大小船舶200余艘,官兵27 800余人,其中大型宝船62艘,最大者长44丈,宽18丈,设有九桅十二帆,最远航线达6 000海里以上,绘制了最早有航路的航海图。郑和船队,规模之宏大,人数之众多,组织之严密,均为15世纪世界航海之最。船队装满中国的丝绸、茶叶和瓷器等货物,从中国港口出发,前往东南亚、印度、中东和

---

① 《堂吉诃德》又译作《唐吉诃德》《堂·吉诃德》等,是西班牙作家塞万提斯于1605年和1615年分两部分出版的长篇反骑士小说。故事发生时,骑士早已绝迹一个多世纪,但主角阿隆索·吉哈诺(堂吉诃德原名)却因为沉迷于骑士小说,时常幻想自己是中世纪骑士,进而自封为"堂吉诃德·德·拉曼恰"(德·拉曼恰地区的守护者),拉着邻居桑丘·潘沙做自己的仆人,"行侠仗义"、游走天下,做出了种种与时代相悖、匪夷所思的行径,结果四处碰壁。但最终从梦幻中苏醒过来,回到家乡后死去。文学评论家称《堂吉诃德》是西方文学史上第一部现代小说,也是世界文学瑰宝之一。

② 郑和,明朝太监,原姓马,名和,小名三宝,又称三保,云南晋宁人。中国明朝航海家、外交家。1381年年仅十岁的马和被掠至南京,阉割成太监后进入朱棣的燕王府。1404年郑和立下赫赫战功,被明成祖朱棣赐马郑姓,以纪念战功,史称"郑和",并升任为内官监太监,官至四品。郑和有智略,知兵习战,明成祖对郑和十分信赖。1405年到1433年,郑和七下西洋,完成了人类历史上的伟大壮举。1433年郑和在印度西海岸古里国去世,后被赐葬于南京牛首山。

非洲东海岸,是非常了不起的壮举。郑和下西洋的航线,有的交叉,有时重叠。但不管是去红海还是非洲东部都必须经过马六甲海峡。马六甲城的兴起就和郑和下西洋密切相关。郑和船队所到之处,主要是进行平等贸易,与海外各国平等友好交往。郑和下西洋时所带国书写道:"天之所覆,地之所载,一视同仁,不能众欺寡,强凌弱。"郑和下西洋体现了中国和平与包容的对外政策。郑和下西洋调解矛盾,平息冲突,消除隔阂,有利于周边的稳定,维护了东南亚、南亚地区稳定和海上安全,提高了明朝的声望。

郑和下西洋进行贸易,赚钱不是主要目的,更多的是与各国友好交往,宣扬明朝国威和友好政策,还传播先进的中国文化。当时东南亚、南亚、非洲一些国家和地区社会发展比较落后,非常向往中华文明。朱棣派遣郑和下西洋还肩负了"宣教化于海外诸番国,导以礼仪,变其夷习"的使命。郑和出色地将中华文明远播海外,在中外文化交流史上写下了新的篇章。郑和下西洋传播中华文明的内容主要有以下几个方面:中华礼仪和儒家思想、历法和度量衡制度、农业技术、制造技术、建筑雕刻技术、医术、航海造船技术等。郑和又称"三宝太监",至今郑和的故事还在东南亚一带流传,东南亚有很多城市、港口、码头、庙宇以三宝来命名。

英国近代著名科技史专家李约瑟对郑和下西洋这样评价:东方的航海家,中国人从容温顺,不记前仇,慷慨大方,从不威胁他人的生存,他们全副武装,却从不征服异族,也不建立要塞。

今天的斯里兰卡在郑和下西洋的时候叫锡兰国。据《明史》记载,1459年锡兰国王派王子随郑和的船队出使中国,朝见明朝皇帝。不料就在王子即将从泉州登船回国时,却得知国内发生了政变,其表兄率兵冲入王宫,篡夺了王位,不仅凶残地杀掉了王子的兄弟们,还要等这位储君回国后一网打尽,斩草除根。锡兰王子含泪换了衣冠,取名字的第一个字"世"为中国姓,从此在泉州隐姓埋名生活下来。王子后人全家族信仰伊斯兰教,主要经营海外贸易,后发展成为当地望族。1996年底,位于泉州清源山麓的"世家坑"古墓群重见天日,一段掩埋了500多年的历史渐渐清晰:明天顺年间,锡兰王子来到泉州,受皇帝赐姓,娶阿拉伯贵族在泉州的后裔蒲氏,一支"世"姓人家自此繁衍。而这一次的发掘也揭开许世吟娥家族隐藏500多年的秘密,这位土生土长的闽南女子竟是隐居在中国的古锡兰国皇室后裔——"锡兰公主"。许世吟娥从小听曾祖母念叨着"祖先是从遥远的海上来的",16岁那年,她从父亲那里了解到家族隐居的传奇经历。但她一直遵守祖训,保守秘密。直到后来"世家坑"古墓群被发现。许世吟娥说,"我不愿意看到我祖先的遗产被推土机夷为平地"。经过长时间的考虑,为了使有历史意义的墓地免遭摧毁,她被迫放弃了对父亲的承诺,将真实身份告之于众。从此之后,许世吟娥便受到公众高度关注。中国和斯里兰卡建交后,斯里兰卡总统到中国来访问时曾接见许世吟娥。锡兰国后裔的故事,也正反映了当时中国对世界的影响巨大,古代中国成为周边国家和人民向往的圣地。总体而言,丝绸之路把整个欧亚大陆联系起来,丝路就像一条动脉血管,而中国就是造血的心脏。

茶叶是神奇的饮料和商品。茶叶种植在中国已有6 000多年历史,茶叶被西方人称为"神奇的东方树叶"。17世纪末18世纪初,茶叶成为海上丝绸之路中的主要商品,很多茶叶销往欧洲特别是英国。中国茶叶改变了英国人的生活习惯。英国人常喝下午茶,一般来说都是红茶。中国祁门红茶非常著名,早期的祁门红茶非常昂贵,那时做欧洲茶叶生意的人都发了大财。1840年中英之间爆发了鸦片战争,一个重要的原因就是欧洲人在黑奴贸易和美洲种植园经济中赚的钱很多都流入中国,购买了中国的丝绸、茶叶和瓷器。为了弥补贸易逆差,英国人最终选择了罪恶的鸦片贸易和鸦片战争。俄罗斯人也爱喝红茶,茶叶主要从中国购进。茶叶是健康的饮料,比咖啡更有利于健康,中国的茶叶在一定程度上影响了英国和俄罗斯人民的生活习惯。从这个角度来说,中国的茶叶生产和贸易也是对世界的突出贡献。今天原产中国的茶叶已在50多个国家落叶生根,大部分位于古海上丝绸之路沿线。现在斯里兰卡和肯尼亚的红茶非常著名,甚至返销到茶叶的故乡中国。

中国是世界上最早种植水稻的国家,水稻的培育是中国对世界粮食生产的重要贡献。考古专家在浙江余姚河姆渡遗址上发现了水稻碳化的壳,从而确定了水稻种植的时间和实证,现在世界已普遍承认中国是世界上最早种植水稻的国家。中国以米饭为主食,东南亚包括日本人也吃米饭,稻种主要都从中国引入。因此中国人将野生稻培育成水稻是古代中国对世界的一大贡献。如今,袁隆平院士发明的杂交水稻不仅解决了中国人的吃饭问题,中国还将杂交水稻技术无偿转让给其他国家和地区,帮助世界人民解决吃饭问题。东南亚的越南、泰国都是世界上稻米的主产地,大米是泰国和越南出口的拳头产品,从中也可以看出中华文明对周边国家和世界的贡献确实非常大。

三、构建人类命运共同体

当代中国面对世界发展的大变局,从古代丝绸之路的历史中总结经验并得到启示。2013年9月和10月,习近平出访中亚和印尼期间,先后提出"丝绸之路经济带"和21世纪"海上丝绸之路"的重大倡议,即"一带一路"倡议,为21世纪的世界提供新的发展理念和模式。中国"一带一路"倡议的提出,得到了"一带一路"沿线国家的热烈欢迎。"一带一路"倡议体现了共商、共建、共享的原则,体现了中国维护开放型世界经济体系的发展理念,彰显了中国的责任担当。"一带一路"倡议是中国版的全球化倡议,中国向世界提供了物质性、制度性和精神性公共产品,为全球贡献了全球治理的中国方案。

我们应当从中国古代思想和文化中汲取营养,增强民族自信。习近平总书记在十九大报告中提出:"没有高度的文化自信,没有文化的繁荣兴盛,就没有中华民族伟大复兴。"没有文化自信,人民就没有灵魂,以致崇洋媚外成为潮流,有些人甚至认为外国的月亮也比中国的圆。通过40年改革开放,中国已经成为世界第二大经济体,中华民族伟大复兴的中国梦离目标更加接近,人民更加自信。我们既要汲取其他文明的优秀营养,更要向世界展示中华文明的强大创新能力。我们应该继承优秀中华文化的同时,坚持走中国特色社会主义道路。

只有充分继承和吸收中国文化传统营养,同时借鉴西方文化的精华,我们才能与时俱进。对中华文明的传承,不能盲目自大和故步自封,而是要博采众长,吐故纳新,只有这样才能真正实现中华民族伟大复兴。2014年开始,中国加强了对外文化交流和沟通。传播好中华文化,讲好中国故事,也是增强中国软实力的体现。今天中国已经在全球建立很多孔子学院,让世界更多地了解中国传统文化。孔子学院的课程体系涵盖汉语、茶道、中医、针灸、书法等文化和艺术。有些国家已经将中文纳入本国教育体系,就像中国国家教育体系要求学习英语一样。可以看出,中国经济建设取得了举世瞩目的成就,在国际上影响力增强,中国文化必将进一步受到重视和尊重。

习近平总书记在博鳌论坛等场合反复讲到要构建人类命运共同体,要为人类和谐的发展贡献中华民族的智慧和力量。中国承诺即使我们强大了,也不会走霸权主义的道路,不会将经济繁荣建立在欺负、掠夺其他国家的基础上。中国走和平发展之路,这也是由中国文化的特性决定的。儒家思想的核心文化就是仁者爱人。中国历史证明了中国不会主动挑衅、侵犯别的国家,中国自古以来就是爱好和平的国家。中国文化认同"大道之行,天下为公"的理念。中国的传统文化是希望建立一个美好的天下,美好的社会,大同世界。只要我们坚持文化自信,走好中国特色社会主义道路,我们一定能为世界发展作出更大的贡献。

资料拓展

1. "南海一号",南宋初期在海上丝绸之路向外运送瓷器时失事沉没的一艘木质古沉船,沉没地点位于中国广东阳江海域,1987年发现。是国内发现的第一个古沉船遗址,距今800多年。"南海一号"是迄今为止世界上发现的海上古沉船中年代最早、船体最大、保存最完整的远洋贸易商船,2007年打捞上岸。总共发现文物14 000余件套、标本2 575件、凝结物55吨,其中瓷器13 000余件套、金器151件套、银器124件套、铜器170件、铜钱约17 000枚,以及大量动植物标本、船木等,有不少是价值连城的国宝级文物。"南海一号"为复原海上丝绸之路的历史、陶瓷史提供极为难得的实物资料。

2. "一带",指的是"丝绸之路经济带",是在陆地。它有三个走向,从中国出发,一是经中亚、俄罗斯到达欧洲;二是经中亚、西亚至波斯湾、地中海;三是中国到东南亚、南亚、印度洋。"一路",指的是"21世纪海上丝绸之路",重点方向是两条,一是从中国沿海港口过南海到印度洋,延伸至欧洲;二是从中国沿海港口过南海到南太平洋。共建"一带一路"是中国的倡议,也是中国与沿线国家的共同愿望。站在新的起点上,中国愿与沿线国家一道,以共建"一带一路"为契机,平等协商,兼顾各方利益,反映各方诉求,携手推动更大范围、更高水平、更深层次的大开放、大交流、大融合。"一带一路"建设是开放的、包容的,欢迎世界各国和国际地区、组织积极参与。2017年5月14日至15日,"一带一路"国际合作高峰论坛在北京举行,习近平主席出席高峰论坛开幕式,并主持领导人圆桌峰会。2019年4月25日至27日,第二届"一带一路"国际合作高峰论坛在北京举行。

参考文献:

1. 周宜兴.中华文明8000年[M].北京:中央文献出版社,2015.
2. 王志民,马啸.中华文明与人类共同价值[M].北京:清华大学出版社,2017.
3. 习近平.习近平谈治国理政[M].北京:外文出版社,2017.
4. 张丽艳,苗威.伏尔泰与中国儒家思想[J].东疆学刊,1999(3).
5. 沈国清.中国文化对伏尔泰的影响[J].湖北教育学院学报,2007(5).
6. 焦旸.浅析伏尔泰的中国情结[J].哈尔滨师范大学社会科学学报,2012(5).

第九章 中国道路对世界的奉献[①]

导语

  一路披荆斩棘,一路破浪前行。新中国70年沧桑巨变,书写了世界经济发展史上的奇迹。中国在自我发展、奋发图强的过程中,始终与世界人民同向同行,共同发展,中国的发展离不开世界,世界的发展也离不开中国。中国将携手世界人民共同构建人类命运共同体。

  中国40多年来改革开放的实践,不仅使自己受益,也对整个世界的稳定发展和繁荣作出了重要的贡献!中国的崛起带来的全球影响绝非仅停留在经济层面,而是涵盖了政治、经济、安全、文化等多个层面。中国的发展将是整个世界的福音,也是人类文明继续前进的动力。我们从四个方面来认识中国的发展如何对世界作出奉献。

一、中国经济发展对世界的奉献

  60多年前,中国著名的学者梁漱溟曾问:"中国以什么贡献给世界?"60多年过去了,中国共产党人带领中国人民走出了一条中国道路,这是中国贡献给世界的珍贵礼物。中国在不同的场景显示出对世界的影响,2014年国庆节,韩联社写道:因为有中秋节和国庆节假期,秋天访韩中国游客有望大增,韩国化妆品和免税店股价大幅上涨,中国游客青睐的电饭锅和幼儿用品生产企业股价也在上涨。路透社文章称,随着中国国庆长假临近,9月份中国黄金进口量增加,整个国际黄金市场正在紧密关注。中国已经与世界紧密地联系在一起。

(一) 中国道路对世界的生存性贡献

  什么叫生存性贡献?中国道路是中国靠自己的力量解决了自己的生存问题,

[①] 主讲者简介:荆筱槐,哲学博士,教授,上海建桥学院教务处副处长。主要讲授《马克思主义基本原理概论》和《毛泽东思想与中国特色社会主义理论体系概论》课程,研究方向为马克思主义理论与思想政治教育、科学技术哲学。

我们解决了占世界总人口 1/4 的中国人的吃饭问题，对世界的意义在于：不解决中国人的吃饭问题，中国甚至整个世界都难以安定，十几亿饥饿的人民在地球上生存，给世界带来的动荡不安势必影响世界的稳定与和平。不解决中国人的吃饭问题就意味着贫穷的普遍化，意味着全球经济增长率和全球的富裕的程度，都会因为占世界 1/4 人口的中国而拉低，所以中国的发展进步对世界是一个巨大贡献。

这个贡献得益于中国 40 年的改革开放，自 1978 年以来的改革开放改变了当代中国的命运。1978 年以来，中国的经济实现了奇迹般的增长，GDP 的年均增长率达到了 9.9%，对外贸易的年增长率达到了 16.3%。但是，1980 年，中国还是一个相当贫穷的国家，我们的人均 GDP 仅 309 美元，还不及世界最贫穷的北部非洲（人均 GDP 1 551 美元），这就是我们当时贫穷的状态。经过近 40 年的发展，2016 年中国的人均 GDP 已经达到了 8 123 美元。如果按照世界通行的评价贫困的标准线，那么中国在过去 38 年期间减少了超过 6 亿的贫困人口。当前中国经济规模已经稳居世界第二位，这就是我们为世界作出的生存性贡献。改革开放 40 年的成就，我们不仅一枝独秀，而且惠及世界各国，为满园春色增加了许多斑斓的色彩。有西方学者做过这样一个统计，2011 年中国为世界贡献了 1.3 万亿美元的经济增长，相当于每 12 周半创造出一个希腊，每一年创造出一个西班牙。2013 年中国进出口总值达到 4.16 万亿美元，成为全球货物贸易进出口第一大国。2016 年我国货物进出口总值达到 24.33 万亿元人民币，为全球贸易伙伴创造了大量的就业岗位和投资机会。

（二）中国对世界经济体系的贡献

世界由各个国家组成，为了促进全球化的发展，世界经济体系不断地进步和发展。中国通过自己的进步，积极地参与全球和地区性经济合作组织，并致力于推动实现互赢互利并解决全球性经济问题。比如，经过多年的努力，我们 2001 年成功地加入了世界贸易组织，举办了亚太经合组织领导人峰会，推进了中国东盟自贸区以及中日韩自贸区的建设，并通过"一带一路"倡议、20 国集团领导人峰会等国际经济合作组织来推动全球经济金融体系的改革。中国经济早已经与世界的经济体系密不可分，中国已经成为全球经济的最重要的参与者和改革者之一，正像习近平总书记所说的："世界潮流浩浩荡荡，顺之者昌，逆之者亡，纵观世界历史，依靠武力对外侵略扩张，最终都是要失败的，这就是历史规律，世界繁荣稳定是中国的机遇,中国的发展也是世界的机遇。"①这句话意味着中国在继续深入地参与世界经济体系运行的过程中,将逐步由国际公共产品的受益者发展为国际责任的承担者和全球性公共产品的提供者,这就是我们对世界经济体系的贡献。

(三) 中国对世界经济稳定和发展的贡献

改革开放以来,中国对世界经济的整体稳定作出了极为显著和举世公认的贡献。1997年10月席卷整个东南亚的亚洲金融危机。东南亚亚洲金融危机开端于以泰国泰铢为代表的货币大幅贬值,中国作为东南亚比邻的国家,与东南亚各国有着千丝万缕的联系,当时中国如果为了谋求利益自保的话,我们可以和其他各国一样,让人民币大幅贬值。但是中国考虑到如果人民币和其他国家的货币一起贬值的话,势必加剧东南亚的经济危机,危机会越陷越深。当时诸多的国际经济学家普遍认为中国会和其他国家一样让自己的货币贬值。事实证明,面对危机,中国作为一个负责任的大国,明确地宣布人民币不贬值,并以实际行动兑现了这样一个诺言。中国的抉择对亚洲经济能够在金融危机后迅速复苏作出了巨大贡献,中国的实力也支撑了中国能够做出这样的一个抉择,其背后就是改革开放之后中国的成就。改革开放后中国对外贸易迅速发展所积累的充足外汇储备,保证了人民币的稳定,并以中国经济的快速增长和对东南亚经济体的大量进口促进了地区经济的稳定和恢复。

2008年,金融危机如海啸一般冲击全球经济。中国也是受害者,但是中国政府实施了一系列刺激经济增长的政策,经济依然保持了较高的增速,成为拉动世界经济复苏的重要引擎,中国的发展对世界经济的稳定作出巨大的贡献。同时中国对世界经济增长的拉动效应也日益显著,中国已经成为全球经济增长最大的发动机。

1980年到1990年这10年间,对全球GDP增长贡献最大的五个国家,分别为美国、日本、德国、英国和中国,中国排名第五位,为全球贡献了5%的增长率。1990年到2000年这10年期间,这五个国家的顺序发生了变化,中国由第五位跃升为第二位,这时候中国对世界经济增长的贡献率升到10%。进入到21世纪的头10年,中国的贡献率已经跃升为五个国家中的第一位,我们的贡献率已经由10%上升到25%,也就是说中国对全球经济增长的贡献比例达到了1/4。我国在

---

① 习近平:《世界潮流浩浩荡荡顺之则昌逆之则亡》,2013年1月29日,http://news.youth.cn/gn/201301/t20130129_2846710.htm。

最初加入世界贸易组织的时候,贸易量占全球贸易总量的 4%,到 2012 年的时候我们已经达到了 11%。据 WTO 的官方统计,2001 年到 2010 年期间,中国同全球各国进口的各类商品总价值达到了 7.45 万亿美元,创下了年均增长率 20% 的记录。中国巨大的国内市场不仅为发达经济体创造了出口机遇,同时也为世界上最不发达的经济体提供了众多的商品出口机会。根据联合国 2017 年最不发达国家状况的报告看,中国已经成为世界上最不发达国家最大的投资方,仅在 2010 到 2015 年这五年期间,中国对最不发达国家的外商直接投资增长了三倍以上,达到了 310 亿美元。中国的腾飞以全球化为背景,作为全球贸易大国的中国,通过对外投资和进出口等方式有力地拓展了世界贸易的范围和规模,使世界贸易呈现出蓬勃发展的局面。

(四) 中国发展对人类社会均衡进步的贡献

中国改革开放之后,取得的成就促进了世界各国的均衡化发展。西方的工业文明使人类社会进入到了现代文明社会,马克思、恩格斯在《共产党宣言》中曾经说过,"资产阶级在它的不到一百年的阶级统治中所创造的生产力,比过去一切时代创造的全部生产力还要多,还要大"[①]。回顾资本主义社会发展的过程,它的负面效应就是地区之间发展的极度不平衡,贫富差距过大,形成了一种中心和边缘现象。中心是什么? 以西方发达国家为主的富裕国家,而广大边缘地区的国家就是贫穷落后的发展中国家。随着世界经济的发展,他们之间的距离越来越大。作为发展中国家的"中国",通过改革开放,以一个负责任的大国姿态,不仅使自己的国民受益于自身的发展,而且还惠及周边地区、非洲拉美等地区,从而推动了人类社会的均衡化发展。

中国经济长达 40 年的快速稳定增长,使自身从一个穷国迅速跻身到世界中等收入国家之列。而且,中国经济发展的外溢效应非常明显,其他发展中国家和地区从中国发展中受益,因而在更广大的范围内推动了世界的均衡发展。非洲从 2000 年到 2017 年有 2/3 的国家年均 GDP 的增长超过了 5%,还有一部分的国家年均 GDP 增长超过了 7%。非洲经济增长速度提升的重要原因是得益于中国经济的发展。中国在非洲各国的投资和相互之间的贸易,促进了非洲各国的经济增长,拉动了各国经济的发展。

---

① 马克思,恩格斯:《共产党宣言》,北京:人民出版社,2014 年,第 32 页。

在《耶鲁科学小历史》中有这样一段话:"今天中国是推动世界的生力军,中国制造的衣服、玩具和电子器材遍布全球,看看你的旅游鞋标签就知道了。"[①]我们好多亲戚朋友从国外旅游回来,都会给我们带一点纪念品,打开礼物仔细看产地,常常会看到中国制造。如今的中国是活力四射的国家,美国伊利诺伊理工大学斯图尔特商学院教授哈伊里·图尔克指出,中国能够保持经济增长,并通过"一带一路"倡议让其他国家分享其经济增长红利。德国联邦外贸与投资署总经理于尔根·弗里德里希认为,在"一带一路"的框架下,中国在多个沿线国家投资兴建基础设施,不仅促进了这些国家的稳定繁荣,还为全球的企业开启了新市场、提供了新机遇。中国的发展让世界看到对其他国家的影响,2014年9月,阿里巴巴在世界金融之都纽约成功上市,以2 310亿美元市值成为全球第二大市值的互联网公司,对世界、对美国人都影响极大,美国《时代》周刊惊呼说:"你的下一份工作没准就在中国。"这就是中国发展对世界的影响。

二、中国文化对世界文化的影响

1991年,诺贝尔经济学奖得主罗纳德·科斯认为:"中国式的市场经济将以一种当前我们无法想象的方式继续,而数千年的中国历史沉淀将为其提供牢固的基石……"随着中国在21世纪持续向前发展,建立有自己特色的市场经济,进一步融入全球劳动分工,中国同时也在回归自己的传统[②]。中国数千年的历史积淀是什么?中国的传统到底是什么?我们需要把目光聚焦于中华民族优秀的传统文化。

2014年9月24日人民大会堂召开了"纪念孔子诞辰2565周年"的会议,秘鲁的前总统加西亚作为《儒学与全球化》的作者,在会上作了发言。本来会议每个代表发言只有8分钟,但是他的发言却足足讲了15分钟。他说:"儒家文化影响到其他国家和地区人们的行为方式,影响他们对自然、文化、家庭、政治制度、社会秩序的理解。这个过程出现的原因在于中国文化更加繁荣,中国人民更加团结,社会共识更多。"这是一个外国人对于中国传统文化的认识。蕴含着中国五千年文明历史文化的中国道路向世界展示的是中国优秀传统文化里面的天人合一、贵和尚中、和而不同,他们阐释的"仁义""和合"文化具有道义性和当代性,更具世界魅

---

① [英]威廉·拜伦姆:《耶鲁科学小历史》,北京:中信出版社,2015年,第58页。
② 国纪平:《中国道路的世界意义》,载《人民日报》,2014年9月30日,第3版。

力。2011年1月17日,《中国国家形象片人物篇》在美国纽约著名的时代广场播出。这是让世界认识和了解中国的一个渠道,之后我们又通过太极拳、汉字、京剧、书法等文化元素向世界展示中国文化的魅力。

中国文化在世界的发展变化过程中彰显其魅力。中国道路表明中国文化向世界显示人类文明的多样性,即协和万邦、世界大同、休戚与共。中国文化认为,独善其身并不可取,兼济天下才是合理的自然秩序,所以我们认为世界文明的多样性具有合理性,是当下世界文明发展的一种价值取向,我们反对一种文化一种文明来统摄世界,中国以自己的文化魅力向世界展示世界人类文明多样性的合理性。中国道路还向世人展示,世界上的发展道路具有多样性。中国文化强调和而不同,每个国家根据自己不同的实际状况,选择自己的发展道路,具有合情、合法性。各国应该按照自己的本国国情来探索自身的发展道路,这就是中国文化对世界的贡献。

为了让世界了解中国,中国了解世界,中国不断地走出去。电视剧《媳妇的美好时代》被引入非洲,在非洲各国播放,《甄嬛传》经过改编在美国上映,《舌尖上的中国》在欧洲广为流传,还有遍布世界的孔子学院、太极拳、中俄、中法文化交流、中欧青年文化交流等许多文化活动的举办,在很大程度上加深了世界对中国文化的认知,也大大地提升了中国文化的国际影响力。

在西方的影视作品里边可以看到中国元素的融入,一方面是由于中国的发展,中国巨大的文化市场越来越显示巨大的吸引力。随着中国电影市场这块蛋糕越做越大,中国已经成为仅次于美国的全球第二大电影票房市场。2016年,中国电影票房的收入同比增长46%,已经达到63亿美元,成为全球第二大票房收入的市场。好多影视大片里边不仅仅有中国元素,还有中国演员的身影,这个发展过程也说明西方越来越重视对中国文化的认知。另一方面,中国文化日益对世界产生影响。中国文化的独特魅力让世界各国感到既为之惊叹的同时又感到神秘。全球现在有109个国家的3 000多所大学开设了汉语课程,越来越多的外国留学生到中国的大学来学习中国文化。上海建桥学院也是一样的,教学楼中出现许多外国留学生的面孔。各国人民希望同中国进行政治经济、国家安全、生态环境等各领域深入的合作,合作首要前提先要了解中国的文化,了解中国人的思维习惯和思考方式。中国元素对世界影响的不断提升,这背后反映的是世界各国对中国经贸合作的热切的期待。越来越多的国家都想通过和中国的合作来促进本国经济文化的发展。我们中国现在已经与160多个国家和地区保持着良好的交流关系，文化交流与文化贸易并重，走出去与请进来并行，形成了一个全方位开放的局面，提升了中华文化在国际上的亲和力、竞争力和影响力。

中国通过三方面提升中华文化的世界影响力。第一，丰富的文化交流载体，有国家年、文化年、元年、旅游年等，涵盖了文学、艺术、教育、科技、体育、影视、出版、文物、民族、旅游等各个领域，开创了对外交流活动的新途径。通过政府大量建立的文化载体，如孔子学院、中国图书对外的推广项目，还有每年春节家喻户晓的春节活动等来扩大中国文化的影响力。

第二，注重中国媒体的海外发展。2009年以来，中央电视台基本建成了覆盖全球的新闻报道网络，6个语种频道落地入户，范围达170多个国家和地区，有63个海外记者站、2个分台与5个中心站。中国国际广播电台已经能用64种语言，通过调频广播、卫星电视、互联网、移动终端等新的传播平台向全球传播信息。中央人民广播电台加强了藏、维、哈语节目制作和在中亚国家的落地。2012年5月28日，CIBN互联网电视正式上线商用，以视听互动、资源共享、媒体融合为特色，由传统媒体向现代综合新型国际传媒转型。这些媒体以开放的姿态、共享的理念主动呈现真实的中国。注重中国媒体的海外发展，对外文化贸易的逆差在缩小。2004年到2010年我们共派出了630多个演艺团体，进行了33 000多场的各种商业演出，观众超过了7 000多万人次，获得直接的贸易额是5.5亿元。

第三，通过文化市场和文化贸易传播中国文化。进入21世纪以来，中国电影事业不断地发展，当下中国的电影市场已经改变了过去以进口大片作为主导力量的局面，国产电影不仅进入了自己的市场，同时也进入了国际市场。2002年，中国电影《英雄》进入美国市场取得巨大成功。《英雄》在美国连续上映两周，都夺得了周票房的冠军，实现了全球票房1.77亿美元的收入。随后在中国功夫片的带领下，中国电影海外票房从2002年的5亿元猛增到2010年的35亿元。中国原创的网络游戏作为新兴的行业，近五年出口的规模也扩大了八倍以上。2010年的时候中国有34家网络游戏企业自主研发了82款的网络游戏，向国外出口实现销售收入2.3亿美元，2012年的时候我们的游戏企业增加了66家，出口的额度达到了5.87亿美元。美国著名学者约瑟夫·奈认为："近年来中国通过广泛传播独特的文化来提高吸引力和影响力，使中国的软实力一直处于上升趋势。"[①]

[①] 蔡武：《新中国六十年我国对外文化工作发展历程》，2009年7月30日，http://www.gov.cn/gzdt/2009-07/30/content_1379485.htm。

三、中国彰显的国际人道主义

（一）中国维和部队

中国维和部队,是中国根据联合国有关决议和国际法准则,派出的军事部队。中国联合国维和部队在驻在国的主要任务是制止冲突,恢复和平。应联合国秘书长请求,中国自1990年开始,每年向联合国派遣军事观察员执行维和任务。1992年4月的时候,中国军队向联合国柬埔寨临时权力机构派出由400名官兵组成的工程兵大队,开创了我军派遣成建制部队参与联合国维和行动的先河。成建制部队以整个班、整个排、整个连的方式全面参与联合国维和部队,由个人走向了集体,体现了中国维和部队规模的提升和承担任务增多。

中国维和部队的主要任务是工兵和医疗。进深山钻密林,修道路建桥涵,耳闻枪炮不畏惧,面对疫情不退缩,忠实地执行了维和使命的战斗队、海外军事行动的先遣队、塑造国家形象的代表队的光荣使命。2015年9月28日,习近平主席在联合国维和峰会上宣布,中国将加入新的联合国维和能力待命机制,决定为此率先组建常备成建制维和警队,并建设8 000人规模的维和待命部队。中国军队将有越来越多的官兵戴上蓝盔,用青春与热血擦亮中国的名片,为世界和平作出更大的贡献。中国维和部队已经成为联合国维和任务的常备军,我们随时准备参加联合国的维和行动。中国维和事业受到了国际社会的好评,新加坡联合早报这样报道说,"近两年来中国成立基金协助联合国实现可持续发展和应对气候变化的目标,成为贡献最多维和部队人员的国家"。

（二）抗击病毒的中国援助医疗队

中国向发展中国家派出援助医疗队最早始于1963年。北非国家阿尔及利亚在1963年摆脱了法国殖民者的统治,实现了民族独立。但是法国殖民者走了之后,因为没有专家、学者,好多阿尔及利亚的国内项目被迫停滞,其中最重要的问题就是缺医少药。在这样的背景下,阿尔及利亚向中国提出了援助的要求。虽然当时中国也很贫穷落后,但是义无反顾地投身到阿尔及利亚的医疗卫生事业中去,解决了阿尔及利亚的困难,在国际社会引起很大的反响。随后在长达半个多世纪的时间里,中国在自身并不富裕的情况下,不断向需要帮助的非洲、拉丁美洲、亚洲等国家派出我们的医疗队,推动了受援国医疗事业的发展,彰显了一个大国对国际责任的担当。截至2012年12月,中国先后向亚洲、非洲、拉丁美洲、欧洲和大洋洲的66个国家和地区派遣援外医疗队累计2.3万人次,诊治患者约2.7亿人次。目前中国向49个国家派出医疗队,其中42个国家在非洲,1 171名医疗队员分布在113个医疗点上,全国有27个省市承担着派遣援外医疗队的任务。

中国援外医疗队,他们都是业务水平比较高的医护人员,为了国际人道主义精神,撇家舍业,投入援外医疗事业中。中国援外医疗队以内科、外科、妇科、儿科等临床科室为主,西医和中医并蓄,毫无保留地把中国高端的专业医疗技术带到援助国。世界上真正的由政府来选派优秀的医生到各国进行医疗援助,全球只有中国。中国不但给需要援助的国家输送医疗人员,还带去了必需的药品和医疗器械,保证了援外医生医护工作能够顺利开展,同时也帮助受援国家医疗机构提高基础的医疗设施水平。中国的援外医疗队毫无保留地向援助国的医护人员传授我们的医疗技术,为当地培养了一支带不走的医疗队伍,这是我们中国对援助国特有的奉献。中国援外医生一直奔走在抗疫的第一线,在世界各国有灾情和疫情地区,都能看到中国人的黄色面孔,都能够看见印有China字样的中国医疗队。他们不顾自己的生命安危,毅然投入援外医疗队工作中,彰显了中国人的牺牲精神和奉献精神。

援外医疗队的医护人员,不仅仅是牺牲时间和精力,为患者进行必要的医疗事业,还面临着我们想不到的危险。他们在国内的生活条件都远远地好于所在的援助国的生活条件,同时,往往家中有未成年的孩子,有年迈的父母需要他们去照料,可是他们舍弃了自己的幸福生活,为援外事业做出了很大的牺牲。身处异国他乡,他们还要面临着各种传统和非传统的安全问题,直接被病毒感染的危险,战争、社会治安等方面的危险因素随时都会危及他们的人身安全。这是一支将个人利益和生死置之度外的优秀的中国医护队伍,在近60年的时间里,中国已经有50位医护人员在援外的工作岗位上牺牲了自己的生命,在也门、阿尔及利亚等国都建有中国援外队员的陵墓,他们把精神和生命归在异国他乡。习近平总书记曾对援外医疗队说:"大家不畏艰难、无私奉献、救死扶伤、大爱无疆。你们是我们援外工作中的一块金字招牌,而且再次诠释了援外医疗队的精神。①"

中国人民的奉献精神得到了援助国人民的认同。世界各国对中国的援助行为给予了高度评价,在中国疾病预防控制中心举办的埃博拉病毒国际学术研讨会

---

① 刘晓明:《习近平对埃博拉出血热疫情防控总结表彰做出重要指示》,2015年11月25日,http://www.gov.cn/xinwen/2015-11/25/content_5016670.htm。

上,世界卫生组织驻华代表司赫德对于中国政府的赞誉是:"中国在2014年全球支持抗击埃博拉的行动中,中国政府派出了近千人抗击埃博拉队伍,对控制埃博拉的流行发挥了重要作用,作出了突出贡献。"世界卫生组织助理总干事福田敬二对于中国的援助作出高度评价:"世卫组织总干事及受疫情影响的国家首脑日前共同呼吁国际社会提供切实援助,中国政府响应号召,提供的支持对当地防疫工作十分重要。"

(三) 成建制的援外事业

除了援外医疗的奉献,中国还有一系列的成建制的援外事业。中国对世界各国的援助,是不附加任何政治条件的,不干涉受援国的内政,充分地尊重受援国自主选择发展道路和模式的权利,我们是一种无私的援助。相互尊重平等相待,重信守诺互利共赢是中国对外援助的基本原则。截至2009年,我们建成的援外成套项目行业分布总计达到了2 025项,项目涵盖工业类、农业类、公共设施类以及基础经济设施类,涵盖了方方面面。中国是世界主要对外粮食的援助国,1987年我们已经解决了中国的温饱问题,成为世界粮食援助的主力国家。2005年的时候,全球提供对外粮食援助的四大国家,中国排在第三位,第一位是美国,第二位是欧盟。

2014年7月10日,国务院新闻办公室发表《中国的对外援助(2014)白皮书》,详细介绍了2010—2012年中国的对外援助情况。从2010年到2012年,中国对外援助的金额达到了893.4亿元人民币,其中无偿援助达到了323.2亿元人民币,占到了我们对外援助的36.2%。受援国的分布,最不发达国家我们占到了52%,而中低收入的国家我们的援助占到了21.2%。我们所提供援助的国家总共

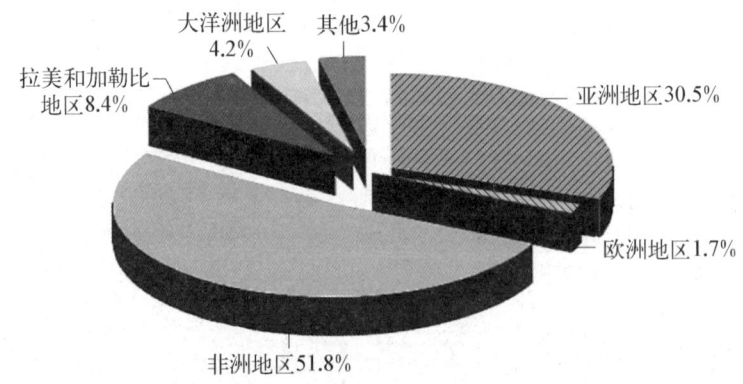

是121个国家,其中亚洲30个国家,非洲51个国家,大洋洲9个国家,拉美和加勒比海地区19个国家,欧洲地区12个国家。

从上页图①可以看出,中国主要援助地区在非洲,占比51.8%,亚洲地区占比30.5%。中国在社会公共事业上总共援建了360个项目,在经济基础设置上援建了156个项目,在农业上援建了49个项目,在工业上援建了15个项目。同时我们还注重对人力资源的开发和合作,为非洲和其他不发达国家培育了大量的人才,主要集中在对他们的管理人员和技术人员进行培训。对他们的在职硕士研究生进行培训,且中国无偿地给他们提供学费和生活费,学成后回去建设自己的国家。

具体来讲,中国主要通过下面几种方式来完成对外援助项目:

援建成套项目。中国共在80个国家建设成套项目580个,重点集中于基础设施和农业等领域。

提供一般物资。中国共向96个国家和地区提供物资援助424批,主要包括办公用品、机械设备、检测设备、交通运输工具、生活用品、药品以及医疗设备等。

开展技术合作。中国共在61个国家和地区完成技术合作项目170个,主要涉及工业生产和管理、农业种植养殖、文化教育、体育训练、医疗卫生、清洁能源开发、规划咨询等领域。

开展人力资源开发合作。中国在国内举办1951期培训班,其中包括官员研修班、技术人员培训班、在职学历教育项目等,为其他发展中国家培训人员49 148名。

派遣援外医疗队。中国向54个国家派遣55支援外医疗队,共计3 600名医护人员,开展定点或巡回医疗服务,诊治患者近700万人次。

派遣志愿者。中国向60多个国家派遣青年志愿者和汉语教师志愿者近7 000名。

提供紧急人道主义援助。中国向30余个国家提供紧急人道主义援助,包括物资和现汇援助,价值约15亿元人民币。

减免受援国债务。中国免除坦桑尼亚、赞比亚、喀麦隆、赤道几内亚、马里、多哥、贝宁、科特迪瓦、苏丹等9个最不发达国家和重债穷国共计16笔到期无息贷款债务,累计金额达14.2亿元人民币。

---

① 中华人民共和国国务院新闻办公室:《中国的对外援助(2014)》,2014年7月10日,http://www.gov.cn/zhengce/2014-07/10/content_2715467.htm。

2010—2012年,中国对外援助达到了893.4亿元人民币,有人质疑,说中国也是一个不发达的国家,我们也需要大量的资金进行自我的发展,为什么我们拿出这么多钱去支援别国？中国在援助的过程中,一方面彰显我们的大国担当,另一方面实现我们的国际人道主义,最重要的是我们得到了稳定的国际环境,我们能够巩固国家之间的友谊,同时促进双边经贸发展,来维护国际社会国家的利益安全。

四、构建以和平与发展为主题的人类命运共同体

中国坚持走和平发展道路,强调世界多极制约,世界大同,协和万邦,和平发展,反对单极独霸。我们希望世界是个多极的社会,合作共赢是我们构建国际社会新秩序的一个出发点。习近平总书记在十九大报告中这样说:"中国始终做世界和平的建设者,全球发展的贡献者和国际秩序的维护者。"习近平总书记在2014年3月27日举行的中法建交50周年纪念大会上发言:"实现中国梦,给世界带来的是机遇不是威胁,是和平不是动荡,是进步不是倒退。拿破仑说过,中国是一头沉睡的狮子,当这头睡狮醒来时,世界都会为之发抖。中国这头狮子已经醒了,但这是一只和平的、可亲的、文明的狮子。"习近平总书记的这段讲话,体现了中国坚持走和平发展道路的坚强决心,展现了中国的大国担当和责任。

中国的和平性贡献主要体现在中国和平发展道路的影响下,霸权主义越来越被有效地抑制。中国和平发展道路的一个重要努力是推动改善国际金融体系,这对巩固世界和地区安全,使更多国家成为国际政治进程的参与者发挥了积极的作用。在人文领域,中国大力加强软实力建设,在全球努力塑造一个积极的中国形象。

中国提出了构建以合作共赢为核心的新型国际关系,这是中国为维护世界和平与发展贡献的理念和方案。新型国际关系具有鲜明的中国特色和时代的特征,它将超越历史和赢得未来。中国提出了人类命运共同体的思想,为变革全球治理体系、为构建全球公平正义的新秩序提供了中国方案和中国智慧。各国要同舟共济,而不是以邻为壑。

从2013年习近平总书记第一次提出到2018年写入宪法,再到海南的博鳌论坛,习近平总书记表达了构建人类命运共同体思想。2013年3月,习近平总书记访问俄罗斯,在莫斯科国际关系学院发表演讲时说:"世界各国相互联系相互依存的程度空前加深,越来越成为你中有我,我中有你的命运共同体。"2015年3月28

日,习近平出席博鳌亚洲论坛,在《亚洲新未来迈向命运共同体》的主题演讲中说:"共同营造对亚洲对世界都更为有利的地区秩序,通过迈向亚洲命运共同体,推动建设人类命运共同体。"2015年9月28日在70届联合国大会一般性辩论会上,习近平主席说,"我们要继承和弘扬联合国宪章的宗旨和原则,构建以合作共赢为核心的新型国际关系,打造人类命运共同体"。2017年1月18日,在联合国日内瓦总部,习近平主席在"共同构建人类命运共同体"的演讲中围绕"世界怎么了、我们怎么办",进一步深入阐述了构建人类命运共同体重要思想。2017年2月10日,联合国社会发展委员会通过非洲发展新伙伴关系的社会层面决议,把人类命运共同体写入了联合国的决议。2017年10月18日,在十九大报告上,习近平总书记再次提到构建人类命运共同体,他用五个"要"来阐述我们为什么要构建人类命运共同体:即要相互尊重、平等协商,坚决摒弃冷战思维和强权政治;要坚持以对话解决争端、以协商化解分歧;要同舟共济,促进贸易和投资自由化便利化;要尊重世界文明多样性;要保护好人类赖以生存的地球家园。十九大后,把推动构建人类命运共同体列入新时代坚持和发展中国特色社会主义的基本方略之一,并把它写入党章。2017年12月1日,中国共产党与世界政党高层对话会在北京隆重举行,构建人类命运共同体的呼吁赢得广泛认同。2018年3月11日,第十三届全国人民代表大会第一次会议通过的宪法修正案,将宪法序言第十二自然段中"发展同各国的外交关系和经济、文化的交流"修改为"发展同各国的外交关系和经济、文化交流,推动构建人类命运共同体"。构建人类命运共同体思想正日益凸显其时代价值,显示出强大的国际影响力、感召力、塑造力。

什么是人类命运共同体?在我们这个地球村里,每个国家每个民族的前途命运其实都是紧紧联系在一起的,应该风雨同舟、荣辱与共,努力把我们星球建设成一个和睦的大家庭,把世界各国人民对美好生活的向往变成现实,这就是人类命运共同体的思想。人和人之间是紧密联系在一起的,各个国家各个民族也是紧密联系在一起的,这就是人类命运共同体。习近平总书记在2017年12月1日中国共产党与世界政党高层对话上发表的《携手建设更加美好的世界》主旨讲话中说道:"我们要努力建设一个远离恐惧、普遍安全的世界。我们要努力建设一个远离贫困、共同繁荣的世界,我们要努力建设一个远离封闭、开放包容的世界,我们要努力建设一个山清水秀、清洁美丽的世界。"事要去做才能成就事业,路要去走才能开辟通途。构建人类命运共同体是一个历史过程,不可能一蹴而就,也不可能一帆风顺,需要付出长期艰苦的努力。我们把中国自己的事情做好,这本身就是对构建人类命运共同体的贡献。

为什么人类命运共同体思想深入人心？人类命运共同体思想为全球生态和谐贡献了中国方案和中国智慧。人类共同生活在一个地球，谁把水污染了，水就会顺着海洋流到其他国家；谁把空气污染了，空气随着风也会把污染物传到其他各国。为了人类共同的生态文明，我们愿意为全球生态和谐贡献我们的方案和智慧。为了国际和平事业，为了变革全球治理体系以及构建公平正义的新秩序，我们都在用构建人类命运共同体来体现中国的智慧和力量。习近平主席在2018年3月20日全国人大十三届一中全会讲话中提出，推动建设持久和平、普遍安全、共同繁荣、开放包容、清洁美丽的世界，让人类命运共同体的阳光普照世界，这是我们的期望。

中国用实际行动向世界表明，我们把构建人类命运共同体已经付诸行动，把相互尊重、公平正义、合作共赢放在第一位。为了推进新型国际关系的建立，习近平总书记自上任以来，出访了57个国家，接待了110多位外国元首访华，会晤了政府首脑290多人次。我们的朋友圈在不断地扩大，中国走出了一条对话而不对抗、结伴而不结盟的国与国之间交往的一个新路。我们以推动"一带一路"建设为抓手，做大共同利益的蛋糕。我们援建的巴基斯坦的水电站，解决了他们3 000多人的就业。我们所收购的塞尔维亚的一个老旧的钢铁公司，解决了当地5 000人的就业。中国不当旁观者跟随者，我们要做参与者和引领者。

中国为维护世界和平与发展贡献的中国智慧和力量，得到了国际社会的肯定和点赞，英国剑桥大学资深研究员马丁·雅克这样说："中国更加积极主动，越来越多地承担起推动世界经济发展的责任，并发挥更大的作用。"英国保守党政策研究中心主任柯维尔这样说："在全球治理体系变革的重要时刻，中国理念为推动建立更加公平合理的国际秩序提供了新的可能，贡献了解决方案。"时代周刊评价中国国际影响力时说："中国越发展，为世界带来的机遇和作出的贡献就越大！中国赢了就是世界赢了。"立足于中国特色社会主义进入新时代的历史方位，习近平主席向世界宣布："我相信一个发展动力更足，人民获得感更强，同世界互动更深入的中国，必将为亚太和世界创造更多的机遇，作出更大的贡献。"

资料拓展

国家主席习近平2017年1月18日在联合国日内瓦总部发表了题为《共同构建人类命运共同体》的主旨演讲。以下为部分内容：

第九章　中国道路对世界的奉献

中国人始终认为,世界好,中国才能好;中国好,世界才更好。面向未来,很多人关心中国的政策走向,国际社会也有很多议论。在这里,我给大家一个明确的回答。

第一,中国维护世界和平的决心不会改变。中华文明历来崇尚"以和邦国""和而不同""以和为贵"。中国《孙子兵法》是一部著名兵书,但其第一句话就讲:"兵者,国之大事,死生之地,存亡之道,不可不察也",其要义是慎战、不战。几千年来,和平融入了中华民族的血脉中,刻进了中国人民的基因里。数百年前,即使中国强盛到国内生产总值占世界30%的时候,也从未对外侵略扩张。1840年鸦片战争后的100多年里,中国频遭侵略和踩躏之害,饱受战祸和动乱之苦。孔子说,己所不欲,勿施于人。中国人民深信,只有和平安宁才能繁荣发展。

中国从一个积贫积弱的国家发展成为世界第二大经济体,靠的不是对外军事扩张和殖民掠夺,而是人民勤劳、维护和平。中国将始终不渝走和平发展道路。无论中国发展到哪一步,中国永不称霸、永不扩张、永不谋求势力范围。历史已经并将继续证明这一点。

第二,中国促进共同发展的决心不会改变。中国有句古语叫"落其实思其树,饮其流怀其源"。中国发展得益于国际社会,中国也为全球发展作出了贡献。中国将继续奉行互利共赢的开放战略,将自身发展机遇同世界各国分享,欢迎各国搭乘中国发展的"顺风车"。

1950年至2016年,中国累计对外提供援款4 000多亿元人民币,今后将继续在力所能及的范围内加大对外帮扶。国际金融危机爆发以来,中国经济增长对世界经济增长的贡献率年均在30%以上。未来5年,中国将进口8万亿美元的商品,吸收6 000亿美元的外来投资,中国对外投资总额将达到7 500亿美元,出境旅游将达到7亿人次。这将为世界各国发展带来更多机遇。

中国坚持走符合本国国情的发展道路,始终把人民权利放在首位,不断促进和保护人权。中国解决了13亿多人口的温饱问题,让7亿多人口摆脱贫困,这是对世界人权事业的重大贡献。

我提出"一带一路"倡议,就是要实现共赢共享发展。目前,已经有100多个国家和国际组织积极响应支持,一大批早期收获项目落地开花。中国支持建设好亚洲基础设施投资银行等新型多边金融机构,为国际社会提供更多公共产品。

第三,中国打造伙伴关系的决心不会改变。中国坚持独立自主的和平外交政策,在和平共处五项原则基础上同所有国家发展友好合作。中国率先把建立伙伴关系确定为国家间交往的指导原则,同 90 多个国家和区域组织建立了不同形式的伙伴关系。中国将进一步联结遍布全球的"朋友圈"。

中国将努力构建总体稳定、均衡发展的大国关系框架,积极同美国发展新型大国关系,同俄罗斯发展全面战略协作伙伴关系,同欧洲发展和平、增长、改革、文明伙伴关系,同金砖国家发展团结合作的伙伴关系。中国将继续坚持正确义利观,深化同发展中国家务实合作,实现同呼吸、共命运、齐发展。中国将按照亲诚惠容理念同周边国家深化互利合作,秉持真实亲诚对非政策理念同非洲国家共谋发展,推动中拉全面合作伙伴关系实现新发展。

第四,中国支持多边主义的决心不会改变。多边主义是维护和平、促进发展的有效路径。长期以来,联合国等国际机构做了大量工作,为维护世界总体和平、持续发展的态势作出了有目共睹的贡献。

中国是联合国创始成员国,是第一个在联合国宪章上签字的国家。中国将坚定维护以联合国为核心的国际体系,坚定维护以联合国宪章宗旨和原则为基石的国际关系基本准则,坚定维护联合国权威和地位,坚定维护联合国在国际事务中的核心作用。

中国—联合国和平与发展基金已经正式投入运营,中国将把资金优先用于联合国及日内瓦相关国际机构提出的和平与发展项目。随着中国持续发展,中国支持多边主义的力度也将越来越大。

第十章 优秀校友谈人生

导语

习近平总书记说,青年是国家的未来、民族的希望。青年人要通过学习知识,掌握事物发展规律,通晓天下道理,丰富学识,增长见识。上海建桥学院以培养学生八项核心能力为目标,学校的建校宗旨是"感恩、回报、爱心、责任",校园文化以弘扬雷锋精神为特色,而这恰恰正是社会主义核心价值观的重要内容,总书记多次提到要弘扬雷锋精神,雷锋精神的内容中就包含了爱岗、敬业、奉献、责任等。榜样可以对后学后进者产生巨大的带动作用,为他们的学习和工作找准方向,成为他们巨大的精神动力。

一、陈邱健校友谈人生[①]

非常感谢大家给我一个与大家分享交流的机会,主要是分享一下近几年来在工作中的感悟和一些告诫。

首先自我介绍,本人叫陈邱健,毕业于上海建桥学院机电学院汽车工程系汽车营销专业。

本人毕业于2013年9月份,在上海东昌斯达汽车销售服务有限公司工作已经有四年的时间。曾经担任过公司的售后服务经理、市场经理,现任公司的内训师。四年间,公司给了我很多机会。我抓住了这些机会,在不同的阶段学习和体验,如今走到内训师这个岗位。我希望经常有今天这样的机会,与母校的学弟、学妹们一起沟通交流,聊一聊踏上社会后,怎样才能找到真正意义上的自己,选择一个自己喜欢的工作。

今天我的演讲主题是"能力在于积累,结果在于坚持"。我首先给大家分享一

[①] 主讲者简介:陈邱健,2013年毕业于上海建桥学院机电学院汽车工程系汽车营销专业,在校期间曾任机电学院分团委副书记。毕业后曾任上海东昌斯达汽车销售服务有限公司售后服务经理、市场经理职务,现任公司内训师。

则故事。这个故事非常有意思,等我讲完以后,大家应该会有一点点感触。曾经有一批年轻人,向一个非常专业的猎手学习打猎。学习打猎是那群年轻人的一个目标,但师傅并没有在真正意义上教他们怎么去打猎,而是让那批年轻人几个月如一日地砍柴挑水,做一些杂务工作。这群人里,有些人放弃了;有些人混混日子,熬过去了;有些人在坚持着。又过了几个月,猎人师傅给了这些人一次成为真正的猎人的机会。师傅给所有的学生一点点粮食,还在一座野兽经常出没的森林里面放了一把刀。面对危险,有一部分人放弃了。最后,从森林里面走出来的只有一个学生,虽然他满身是伤,但依旧坚持着走出了那片森林。师傅给予了他一个非常大的肯定:你能够坚持到最后,说明你有足够的能力和毅力继承我的打猎技术。这个故事其实跟我的工作经历非常像。一旦踏上社会,没有一个人能照顾你,所有的东西都要靠自己去完成。社会就像一片森林,总会有些人在里面迷失,但总有些人能够成功走出来。

接下来为大家讲三个小题目,第一个是有目标不去坚持也不会成功。就像我刚刚讲的那个故事里面的很多的徒弟,那些徒弟都是有目标的,他们的目标很明确,就是成为一名优秀的猎人,但是没有坚持下来,就无法取得成功。

大家有没有想过原因?我告诉大家,其实每个人都有自己的目标,就像在座的各位,大家今天的目标虽然都是好好听完本次讲座,但也分了几类:第一类想着自己拿着手机,玩一局王者荣耀就混过去了;另外一类想好好听一下,看一看演讲者到底是什么样的学长,给大家带来些什么,对以后自己的工作生活有没有一定的启发。今天我来得比较早,看到校园里面有很多同学拿着扫帚扫地。我是2013年毕业的,扫地对我来讲不陌生,我们是首届文明工程学员,当时机电学院是示范点,我带领机电学院部分团员干部和同学一起参加文明活动。刚开始的时候,说实话同学们并不是非常认同,有些同学跟我说,是不是学校没有钱,请不起保洁阿姨扫地,让我们学生来扫地?其实这个想法现在想想蛮幼稚的,后来我才知道,让学生扫地花的钱大大超过了请个保洁阿姨扫地的钱。

说实话,我们学生扫的地还不如保洁阿姨干净。我们拿着扫把,在学校的角角落落里面进行文明修身。校园里有一条横幅,横幅上面的字是"一屋不扫,何以扫天下"。看了这句话以后,我觉得拿在手里的扫帚重量不一样了。今天能看到这一幕,我觉得非常欣慰。这样的活动,四五年过去了,我们能一如既往地坚持,我觉得很不容易。我踏上社会的时候,才真正体会到,文明修身对于我们每个人其实都有很大的意义。我告诉大家一点,要提高自己的自理能力。现在有些孩子是家里的小皇帝,在自己家里面从来不扫地,这些事都交给爸妈去做。踏上社会后,总不能让爸妈一辈子服侍咱们吧?你去了公司,你会发现自己的时间管理能力有了很大的提高。最简单的就是必须是几点到场,有没有时间观念,而且有人来检查。到了公司以后,我发现公司时间要求严格,必须几点上班,必须刷卡,得亏在学校就有了锻炼。

你会发现当时我们在大学的时候经常做的这些事情,工作以后,就完完全全都是应该做的、必须做的。另外,通过这些"小事"的磨炼,你的素养会提高。我们公司对于员工的素养要求非常高,不要小看每天都是做些小的事情,很多事情都是从小事做起的。当你们真正踏上社会的时候,你们会发现建桥学院现在给你们的这种机会是非常难得的。我送给大家一句话:"成功源于坚持,平凡的事情,坚持做就不平凡了。简单的事情重复做就不简单。"以前我做部门经理的时候,更多的是去解决问题,我们销售公司每天都会面临很多的问题。你们现在的工作是学习,以后到了工作岗位,你们的工作就是去处理问题、解决问题,完成老板布置的任务,每天就是这样往复。我们公司比较经典的一个管理模式就是不断地计划你做什么,发现有什么问题,再持续地进行改进。这是一个非常重要的过程。

第二个我要讲的是,机会是留给有准备的人。说到坚持,其实我想换个词。大家肯定听说过一句话,叫作"媳妇熬成婆"。可能很多人认为"熬"是一个非常艰苦的过程,其实几年工作下来,我觉得熬是一种积累,当你哪一天真的媳妇熬成婆

了,你会在你的工作岗位上有很大的提升。前面的故事中的那个年轻人也就是这样。他一直要比别人坚强一点,对于目标坚定不移。另外,平时一直在积累,他每天都在砍柴挑水,身体素质在不断增强。当你身体素质达到一定水平的时候,你的毅力能支撑你的身体,你必将走出这片森林。我还想跟大家分享一个词,叫作天道酬勤,就是说上天永远会眷顾那些勤奋且愿意奉献的人。有的人对我说,这都是大道理,没有任何的依据。其实从概率学的角度来讲,这绝对是有道理的。勤奋的人比懒惰的人得到机会的概率肯定要大得多。

不要觉得自己现在做的一些琐碎事情都是没有必要的事情,机会往往就藏在里面。现在大家在学校里面可能不会觉得,当你们走出学校的时候,你们到工作岗位的时候,你们会发现机会都是留给那些愿意奉献的、愿意多做事情的人的。努力和坚持的程度决定了你得到机会的概率。越努力,越幸运,当你不停努力的时候,请告诉自己,自己的专业能力一定要加强。几年来,有很多实习生到我这家单位来工作,勤奋的人很多,但是专业知识差得一塌糊涂的也很多,只有两方面兼备,才能很好地适应工作岗位。你的勤奋决定了你的维度,你的专业知识决定了你的深度。

第三,我来分享一下我在工作的五年时间里遇到的故事。五年时间改变了我很多,我从售后做到市场,如今在做销售培训,多多少少会有一些取舍。我成功的原因主要有这么几点，第一，我比别人更加勤奋；第二，我有一定的专业知识，并愿意去钻研；第三，我的心态更好，而且我比别人要熬得厉害。另外，在工作岗位上，千万不要太计较个人得失，团队的胜利就是你个人的胜利，希望每个人都有一种奉献的精神。有可能你现在会觉得，我奉献了却没有得到相应的回报，那是因为时间还没有到。天道酬勤这句话，希望大家一定要记住。另外就是希望在座的各位能够感谢一下你们身边的一些贵人，一是那些帮过你的、教导过你的，或者说给你目标和人生方向的那些人；另外一种就是那些看不起你，有可能经常会数落你的人，这两种人你都要感谢一下。首先那些帮助你的人，他会在你成功的道路上给你一些帮助，另外那些看不起你的人，会给你一种反作用力，就是因为有人看不起自己，所以我就要比别人做得更好。这两类人大家一定要心存感激。此外，在学校里面还有一种人，一定要去感谢一下。这种人既当保姆又当老师，从白天工作到晚上，从教室工作到寝室。大家知道，这种人就是我们的辅导员。

辅导员这个工作真的不好做。在家里面，你爸妈只要照顾你一个人就可以了，但是在学校，辅导员要照顾一个班甚至几个班的同学，工作量真的非常大，所以说请你谢谢你们的辅导员。

最后，请大家牢记：每个人都有自己的目标，一定要坚持，只要不断地坚持和积累，就会拥有比别人更多的机会，请谢谢给你机会的人或者在给你机会路上帮助过你们的人。

二、张世军校友谈人生[①]

非常感谢学校给我这么一次发言的机会。作为一名建桥学生，我的成长离不开学校的培育，我的大学生活也离不开每一位老师的精心栽培，让我能够在大学这个舞台上获得成功，在社会工作中能够展现我个人的能力和人格魅力。从2012年入学到现在，经历了由老校区到新校区这样一个突破性的发展和变化。下面就结合我的个人经历和大家聊一聊我的亲身感受。首先，我要跟大家分享的就是我的军旅生涯。刚进大学时，我和在座很多同学一样，对大学、对自己的未来

---

① 主讲者简介：张世军，2018年毕业于上海建桥学院商学院工商管理专业，在校期间参军入伍，2013—2015年服役于中国人民解放军北京空军司令部；2013、2014年获得空军司令部优秀士兵的称号，2014年参加红剑2014全军军事演习任务，2015年参加抗日战争胜利暨反法西斯胜利70周年大阅兵保障任务，2015年获上海市大学生创业大赛二等奖、2016年荣获上海市优秀退伍士兵称号，现在上海交通大学从事辅导员工作。

感到很迷茫,但是又不甘于平淡的大学生活。然后,我当时就抱着"海阔凭鱼跃,天高任鸟飞"的目标,把军营定格为实现自己价值的舞台,然后想把青春献给祖国,锻炼自己。最后顺利进入了北京空军司令部服役。

部队有句话说:当兵不习武,不算尽义务;习武不够精,不算合格兵。刚到部队的时候,我感觉自己就像一张白纸,连吃饭走路都不会,所有的言行举止都得按条令条例从零开始学起。有时你可能会因为一次队列不齐被罚刷厕所一个礼拜,也可能会因为穿着自己带的一双袜子而被罚趴在雪地里面做几百个俯卧撑,这些都是很常见的。部队是熔炉,也是一所大学,经过三个月的摸爬滚打,我渐渐褪去了当时的一些毛病和陋习,也掌握了一些武器装备的使用方法。在一次九五式自动步枪组装考核中,夺得了第二名的优异成绩。我相信的一句话就是:努力的人运气都不会太差。在一次单位书法比赛中,我的书法作品被首长赏识,就这么一次偶然的机会,我被调任空军总参谋长勤务员,主要工作就是保障首长的工作和生活,在这里一干就是一年。在岗位上,我学到了严谨细致的工作态度和严于律己的工作作风,以及责任意识和担当意识。因为在机关待久了,也特别羡慕连队的生活,第二年我放弃了机关的优越条件,主动申请下部队参加演习任务。

2015年,我下到部队去甘肃鼎新参加全球军事演习任务,又去了新疆洛强参加军事演习任务。不知道大家有没有去过西部的大沙漠,那边的环境是非常

恶劣的。我们不但要克服西部沙漠条件的困难,同时还要完成各种高难度的军事演习任务。我记得在一次空袭演练中,我的左上唇被直升机的螺旋桨击起的飞石击中,流了很多血,排长看到这个情况让我回驻地。但是我想,不能因为我一个人影响整个团队,然后影响到整个任务的顺利完成,所以也没太在意。演习结束,回到驻地,到医院检查之后才发现上唇割了一道深深的口子,最后缝了三针才没留下太大的伤疤。我想就是因为这样一次次的历练,才锻造了军人责任使命和担当的奉献精神。而这些话,在我们建桥的校训和雷锋精神上又体现得淋漓尽致,正所谓的"宝剑锋从磨砺出,梅花香自苦寒来"。因为有多次的演习经历,2015年的夏天,我被单位推荐参加了抗日战争胜利暨反法西斯胜利70周年大阅兵。

可能在座的很多同学在电视上看过直播,我当时坐着最大的那架飞机从天安门上空飞过,现在还能感受到当时的那种自豪感、自信感。所以有一句话是"生命有了当兵的历史,一辈子都不再遗憾",我把两年的青春献给了军营,军营也培育了我。2015年9月6日,我退役返校,继续完成我的大学学业。从一名迷茫的学生转变成一名军人,再到一名退役士兵,我非常感激这段经历。它除了让我的人生添加了一抹色彩,也更加让我明白,每个人只有不断地提高自己的责任担当意

识和奉献社会的能力,我们伟大的中国梦才能更好更快地得以实现。其实我们每个人的梦想跟中国梦都有着紧密的关系,个人的事做好了,那整个团队的事就好了。所以我想告诉大家,想做真正的男子汉就去部队。

接着我想跟大家分享的是我的大学时代。如果说人生是一本书,那么大学生活便是书中最美丽的彩页;如果说人生是一台戏,那么大学生活便是戏中最精彩的一幕;如果说人生是一次长途旅行,那么大学生活就是其中最绚丽的风景。大家知道,我们上大学的主要目的是学一些基础课程和技术知识,也许有人会问,这些东西以后会有用吗?我想告诉大家,我们大学里面学得更多的是一种思考问题、分析问题和解决问题的一种能力,更多的是一种做人做事的态度。下面就聊聊我自己,我的大学生活可以说是一段丰富而充满曲折的时光,我给自己的评价就是折腾。2011年入校的时候还是在康桥老校区,在那时,我就开始了"创业"。当时校园外卖很少,不像现在有美团、百度等各种外卖。我看到很多同学宁愿宅在寝室里打游戏,也不愿出门吃饭。他们不是叫同学带饭,就是自己储备一些干粮零食。当时我就想,能不能帮这些同学解决吃饭问题?我就联系学校附近的餐饮店,下午的时候把他们卖剩的冷饭冷菜全部以低价买过来,然后又买了一些包装盒打包,晚上就转卖给没吃晚饭的同学,获得了不少收入。当然,这种创业现在是不允许的,既不符合卫生标准,也不符合学校的规章制度。所以说,大家"只可

第十章　优秀校友谈人生

欣赏，请勿模仿"。2015年9月，我退役返校，在保证学业的前提下，又开始了各种折腾，跟同学、战友搞各种创业项目，参加各种创业比赛，也拿到过上海市创业大赛二等奖。当时我在学校就业办负责一些创业基地的工作，为各个创业基地的团队服务。现在，大家看到的学校南食堂三楼的那个大学生创业基地，就是我们当初开创的，现在已经被评为上海市A级创业指导站。之后，我还搞过一个美妆美甲店，当时项目做得非常不错，每个月有几万的营业收入。但是后来失败了，因为我们团队的两个成员之间出了一些问题，这个项目也就夭折了。这件事给我的教训是：团队合伙人和项目的初期框架构建是非常重要的，因为它决定了你整个项目70%的成败。之后，我又在学校武装部八一社担任社长，主要负责一些军训、征兵宣讲等工作。学校有重大活动时，我们八一社的成员都会参加。折腾来折腾去，我成了上海市优秀退伍学生。我发现，自己在失败中渐渐地成长了，是部队培养了我那种不服输的刚强的意志；是学校的校训告诉我，要有责任和担当；是雷锋精神教育我要具备勤劳奉献的精神，所以才让我在创业的路上不断坚持下去。退伍回来两年多，除了精神财富的积累，在物质上也有了一定的收获。大三那年，我给自己买了一辆车，这是我人生中的第一辆车，去年我还给家里买了一套房子。

今天跟大家的分享，主要想告诉大家，梦想还是要有的，万一实现了呢？大学是我们人生中最宝贵的时光，在这最美的时光里，我劝告大家千万不要把自己的时间花在玩游戏上。除非你的游戏玩得出神入化，像英雄联盟里面的大白主播一样。我们的青春是有限的，有时间大家可以多学一点专业知识去积淀自己，也可以多考几本专业证书，有时间你也可以参加一些社会实践活动，通过这些活动，你会不断地锤炼自己，不断地提升自己，为学校为社会，为国家服务。这几年我一直在搞创业，但基本上都是失败的，没有一个真正成功的项目，我自己也在反思。当然这跟我创业的时间、机遇和经验等方面都有关系。值得欣慰的是，失败让我经受了历练。我现在上海交通大学担任辅导员，希望通过进一步的思考，能够多一些积淀。

面临毕业时，我和大家也一样，有过迷茫和彷徨，不知道自己选什么行业、选什么岗位好。大三结束的时候，我就已经开始选择自己的实习单位。我当时给自己定位就是从事金融房地产或者教育行业，然后投了很多简历，参加各种面试。大家实习时可能会不停地跑各大招聘会，然后去各个公司面试。有时你可能会坐两三个小时车，到了市区，然后再等一两个小时，为的就是面试官的三分钟，所以这三分钟非常关键。在不知不觉中，你会得到很多的求职经验，会对各行各业的形势有更明确的了解，后期给自己的职业规划和自己的定位也会更加清晰。记得当时我参加上海交大的面试，应聘者有30多个人，其中大部分是来自同济、华东师大的研究生。当时在一个大会议室里面，我感觉我没戏了，因为当时只有三个本科生，我都想放弃了。面试官让我们上台各演讲三分钟，整个会场沉寂了两三分钟都没有人敢上。因为之前有所准备，我看到这个情况，就第一个上去演讲了。在最后通过的五个人当中，我是唯一的本科生。

当然，我的应聘成功可能有一些运气的成分，但更多的是我的一些学校的经历、一些当兵的经历，打动了面试官。我的总结就是我们要勇敢地挑战自己，提高自己的担当意识。机遇是留给每个人的，也许你的资历不如别人，但你完全可以用你的特长和专业能力让别人去认可你。只要你坚定自己的目标并为之奋斗，我感觉其他的问题都不再是问题。任何工作都一样，我们要先学会做人，再学会做事。我相信成功，它一定会来。只是可能会晚些。以上就是我与各位同学的交流分享，如果有什么不当的地方，希望大家多多指正，也欢迎各位同学私下和我进行交流。最后我留给大家一个问题，就是今后你想做什么？或者你的目标是什么？你达到它还缺少什么？希望大家回去能够好好想想这个问题。在这里，我还想送大家一句话，就是逆风的方向更适合飞翔。这就是我今天的讲课主题。最后祝各位同学学业有成，健康快乐；也祝各位老师工作顺利，幸福美满；也祝愿学校蒸蒸日上，明天会更好。我的分享到此结束，谢谢大家。

资料拓展

1. 上海建桥学院办学质量方针和内涵建设。

以人为本：学校全部工作以人的全面、协调、可持续发展为根本目标。教学以学生为本，办学以教师为本。

德育为先：全面贯彻落实党的教育方针，坚持社会主义办学方向，立德树人，弘扬雷锋精神，践行"感恩、回报、爱心、责任"校训，将社会主义核心价值观融入教育教学全过程，培养适应社会需求的高素质应用型人才。

依法治校：遵循相关法律法规、规章政策，依照学校规章制度开展管理，不断提高学校治理水平，依法保障利益相关方的合法权益。

严格管理：清晰部门分工，明确管理职责，优化管理流程，完备质量标准，注重绩效考评，循环改善质量。

2. 上海建桥学院八项核心能力及说明。

八项能力：表达沟通、自主学习、专业能力、尽责抗压、协同创新、信息应用、服务关爱、国际视野。

历年来，建桥毕业生就业率、签约率均处于同类院校前茅。随着卓越建桥计划的深入推进，建桥学院对提高人才培养质量与优化毕业生就业结构等重点工作提出了更高要求。为了使学生培养目标更清晰，与社会发展需求衔接更紧密，进一步整合教育教学资源，贯通第一课堂第二课堂育人平台，2014年底，教务处牵头成立了工作组，针对建桥学生能力目标开展了一系列调研，通过调查问卷、深度访谈等多种形式，征求了用人单位、毕业生校友、企业家、教育界专家等社会各界人士及在校生代表的意见建议，参考2014年国内外考察成果，结合社会发展需求预测，最终汇总并提炼了上述能力目标。经校领导班子研究，正式确定为建桥学生应具备的八项能力目标，并将此目标全面融入办学全过程。

参考文献：

1. 习近平.在庆祝中国共产党成立九十五周年大会上的讲话[R/OL].[2016-07-01].http://www.xinhuanet.com/politics/2016-07/01/c_1119150660.htm.
2. 习近平.在中国政法大学考察时的讲话[R/OL].[2017-05-03].http://www.xinhuanet.com/politics/2017-05/03/c_1120913310.htm.
3. 习近平.在北京大学师生座谈会上的讲话[R/OL].[2018-05-02].http://www.gov.cn/gongbao/content/2018/content_5294413.htm.
4. 习近平.习近平关于青少年和共青团工作论述摘编[M].北京：中央文献出版社，2017.

后 记

《奉献中国》一书,以习近平新时代中国特色社会主义思想为指导,是高校弘扬雷锋精神、践行社会主义核心价值观、培育时代新人的新探索。

本书由上海建桥学院党委书记江彦桥组织编撰并确定书稿框架和大纲,编写组成员由上海建桥学院马克思主义学院部分教师和副校长陈伟组成。本书各章编撰分工如下:前言、后记由江彦桥完成;第一章由陈伟(副校长、副教授)完成;第二章由宋艳华(马克思主义学院常务副院长、党总支书记、副教授)完成;第三章、第九章由荆筱槐(马克思主义学院副院长、教授)完成;第四章、第八章由胡银平(马克思主义学院博士、讲师)完成;第五章、第六章由李玠(马克思主义学院教授)完成;第七章、第十章由沈树永(马克思主义学院院长助理、讲师)完成。胡银平负责前期教学资料和视频文字整理工作。全书由江彦桥和胡银平负责统稿。

本书在编写过程中参考了一些学者专家的研究成果以及公开的网络信息和资料,部分内容进行了删减和调整,在此向作者表示衷心的感谢!《奉献中国》在项目建设中得到了上海市教卫工作党委、上海市教委、市教委德育处、德育发展中心等单位和领导的关心与指导。另外,上海建桥学院副董事长黄清云教授、原上海师范大学杨德广教授、上海第二军医大学苏佳灿教授、独立媒体人左力先生等,在百忙之中来到上海建桥学院为学生授课,为"奉献中国"课程建设和书稿编写作出重要贡献。我们谨向在本书策划、编撰和出版过程中予以帮助的各位领导、专家、老师、编辑表示诚挚的感谢!

由于编者水平所限,本书肯定存有不足和疏漏之处,烦请各位专家和读者批评指正!

2021 年 6 月

图书在版编目（CIP）数据

奉献中国 / 江彦桥，胡银平主编. — 上海：上海教育出版社，2021.6
ISBN 978-7-5720-0852-8

Ⅰ.①奉… Ⅱ.①江…②胡… Ⅲ.①社会主义核心价值观-中国-青年读物 Ⅳ.①D616-49

中国版本图书馆CIP数据核字(2021)第099408号

责任编辑　张璟雯　李　玮
封面设计　郑　艺

奉献中国
江彦桥　胡银平　主编

出版发行	上海教育出版社有限公司
官　　网	www.seph.com.cn
地　　址	上海市永福路123号
邮　　编	200031
印　　刷	昆山市亭林印刷有限责任公司
开　　本	700×1000　1/16　印张8.25　插页2
字　　数	140千字
版　　次	2021年8月第1版
印　　次	2021年8月第1次印刷
书　　号	ISBN 978-7-5720-0852-8/G·0668
定　　价	58.00元

如发现质量问题，读者可向本社调换　电话：021-64377165